JOSÉ SÁNCHEZ
Eine Krankheit unserer Zeit:
GIER

JOSÉ SÁNCHEZ

Eine Krankheit unserer Zeit:
GIER

© 2018 Aufgang Verlag Augsburg
Das Werk ist urheberrechtlich geschützt.
Alle Rechte vorbehalten
Umschlagentwurf: Gil Ziner express-graphic.com Caleta de Vélez
(MA, Spanien)
Foto auf der Rückseite: Martina Bieräugel

ISBN 978-3-945732-23-6 (Hardcover)
978-3-945732-24-3 (Paperback)
978-3-945732-25-0 (eBook)

Bibliografische Information der Deutschen Nationalbibliothek: Die
Deutsche Nationalbibliothek verzeichnet diese Publikation in der
Deutschen Nationalbibliografie. Detaillierte Daten sind im Internet
unter http:// dnb.d-nb.de abrufbar.

Inhaltsverzeichnis

**Erster Teil
Was ist Gier? Woher kommt sie?**

Über den Urdrang des Menschen

   1. Streben nach immer mehr. Die Unruhe
   2. Schwäche durch Vergehen. Das Altwerden
   3. Beispiel: Die Pein des Doktor Faust nach Goethe

Über die Gier allgemein

   1. Was ist Gier?
   2. Grund der Gier
   3. Ursache der Gier
   4. Erscheinungsformen der Gier: Der Ehrgeiz
   5. Handlungsweise der Gier
   6. Verkleidungen der Gier
   7. Kreativität der Maßlosigkeit

Zweiter Teil
Gier ist zu einer Suchtkrankheit geworden

Begriffsklärung

1. Über Erkrankung und Krankheit
2. Vom Symptom zum Syndrom
3. Krankheit als epochales Phänomen
4. Tiefenphänomenologische Pathologie

Gier als Suchtkrankheit

A. Vorbemerkung:
   a) Gier als Sucht – ein medizinisches Novum?
   b) Eigenart der Suchtkrankheit

B. Tiefenphänomenologische Pathogenese der Gier –
   Vom Drang zur Sucht

1. Bewusstseinsebene: a) Mythen, b) Märchen
2. Historische Ebene: Stationen der Gier zur Weltherrschaft
3. Gegen den Strom: Das islamische Bankwesen
4. Fazit: Gier ist eine epochale Suchtkrankheit

Dritter Teil
Menschen im Kampf gegen die Gier

Weltbewusstsein, Weltethos, „Homo Deus"

1. Weltuntergang? Volksglaube und wissenschaftliche Interpretation
2. Vom verschlossenen Egoismus zum
   a) Weltbewusstsein
   b) galaktischen Bewusstsein. Der Panpsychismus
   c) messbar globalen Bewusstsein
   d) Homo Deus
3. Weltethos

Monastisches Dasein zwischen Geist und Fleisch

1. Institutionalisierung des Kampfes gegen die Gier
   A. Mönchtum, B. Ordensgemeinschaften
2. Kritik: Erhabene Theorie – widersprüchliche Praxis
   Zwischenbemerkung: Ausnahme: Die Kartäuser
3. Geschichtliche Ähnlichkeit zwischen Philosophie und Mönchtum

Der Glasperlenspieler oder
Die Gier der geistigen Elite

1. Der Spielmeister Josef Knecht
2. Das feuilletonistische Zeitalter
3. Der imaginäre Ort „Kastalien": Ein Kloster ohne Gott
4. Kunstwissenschaftler statt Mönche

Gäb's nur einen Augenblick
Des Glücks für mich,
Nähm ich ew'ges Leid in Kauf
Doch alle Hoffnung ist vergebens.
Denn der Hunger hört nie auf
Eines Tages, wenn die Erde stirbt,
Und der letzte Mensch mit ihr
Dann bleibt nichts zurück
Als die öde Wüste
Einer unstillbaren Gier

Graf von Krolock

(Aus dem deutschsprachigen Musical „Tanz der Vampire" von Jim Steinman und Michael Kunze)

Vorwort

Größe und Elend zugleich

Drama und Rätsel eines Schicksals. Der Mensch – Vollbringer von Heldentaten, Schöpfer von Kunstwerken und einer hohen technologischen Zivilisation. Doch zugleich bewirkt er planetarische Verwüstung, Weltkriege, Vernichtungslager, Hungersnot, Terror, Korruption. Haben wir uns schon an all dies gewöhnt? Plötzlich werden wir erschüttert. Und wir wachen auf. Warum ist so etwas möglich, fragen wir uns. Der Mensch sei Vernunft, aber auch Trieb, haben wir einst gelernt; der Mensch sei Geist, aber auch Fleisch. „Animal rationale" war die Formel. Und der Mensch sei auch Seele, heißt es noch. Doch wo ist die Seele?

Technisches Zeitalter – Epoche der unbegrenzten Möglichkeiten. Einen wichtigen Aspekt bringt in unser Leben der Fernseher. Durch ihn haben wir das ganze Weltgeschehen in unserem Zimmer. Ich schalte ein. Auf einem Sender wird ein Konzert mit ausgewählten Werken von Johann Sebastian Bach angeboten. Da klingt die große Seele, die bis zur Schwelle des Göttlichen emporhebt. Im Nu verwandelt sich die Zeit in Ewigkeit.

Die Seele der Welt.
Die gibt es, die Weltseele.
Sie ist frisch und erhaben wie ein Kind.

Ich schalte um. Auch dieses – das häufige Umschalten – ist ein Merkmal des Zeitalters. Man kann fast gleichzeitig überall sein. Das prägt unsere Art zu empfinden. Ich schalte also um. Neue Bilder. Es läuft eine Sendung über hungernde Kinder in Ländern der sogenannten Dritten Welt. Haiti, Niger, Uganda, Kongo. Die Kinder sind Haut und Knochen, Leib gewordener Hunger mit großen Augen, die sich nach Spiel und Zukunft sehnen.

Mich werfen die Bilder um – und zurück auf meine Guatemala-Zeit im Sommer 1977. Damals waren es keine Fernsehbilder, zum Anschauen in der warmen Stube. Es war hartes Leben. Elend pur, erlitten ganz in der Nähe einiger der reichsten Menschen der Welt. „Wie verkraften Sie das", wurde einmal einer von ihnen gefragt. Er antwortete: „Die Indios sind glücklicher. Wir haben das Geld, sie haben das Glück."

Doch nicht nur grausamem Zynismus begegnete ich dort, auch Frauen und Männern, die ein bequemes Leben in ihrer Heimat aufgegeben hatten, um mit den Ärmsten der Armen zu leben, ihnen zu helfen. Weil es diese guten Menschen gibt, bricht die Welt nicht zusammen.

Auf dem Bildschirm erscheinen weitere Szenen. Kinder werden für den Krieg trainiert, während man ihnen vom Roten Kreuz geschenkte Lebensmittel stiehlt und verkauft.

Der Mensch: ein mit Vernunft begabtes Wesen! *Wo ist die Seele?*

Objektives Denken, Sachlichkeit wurden für mich im Laufe meiner langjährigen Ausbildung durch drei Studiengänge zu wichtigen Begriffen. Und die Gefühle? Da war das Leben selbst mein Lehrer. Es brachte mir schmerzhaft bei, dass nur das Denken, das fühlt, auch wirklich zu denken vermag.

Fühlen und denken, gewiss, aber auch handeln.

Die Guatemala-Erfahrung änderte für immer meine Einstellung zum Leben und zur Wissenschaft. Sie ereignete sich fast gleichzeitig mit meiner Entdeckung Jakob Böhmes. Der große Mystiker aus Görlitz war von Beruf Schuster – als Denker eine Ausnahmeerscheinung in der Geschichte des deutschen Volkes und der Menschheit überhaupt, wie Schelling es ausdrückte. Hegel nannte ihn zwar „den ersten deutschen Philosophen", fand aber keinen Zugang zu ihm, der Schuster war dem Professor zu schwierig. Diese überwältigende Sprache, die aus der Unmittelbarkeit eines ungetrübten Sehens das Naturgeschehen mit kräftiger Poesie besang. Das war dem trockenen Dialektiker nicht bekömmlich. Doch Schelling, dem Arzt und Physiker Franz von Baader, dem Bergbauingenieur Novalis und anderen war Jakob Böhme ein Ereignis, aus dem eine der schönsten Epochen der deutschen Geistesgeschichte hervorblühte. Diese neue Böhme-Entdeckung fand mitten im technischen Zeitalter statt. Doch so befremdend war der Zusammenhang, den ich herstellte, nicht: Einerseits Deutsche Romantik („zurück zu den Müttern!"), andererseits Maya-Kultur (Natur als Urweib). Aus dieser Seinserfahrung könnte die technische Zivilisation Frische bekommen und belebt werden … Wer weiß. Jedenfalls teilte ich meine Entdeckung beflügelt in Vorlesungen und Vorträgen mit, ich redete davon überall, wo ich nur konnte. Da mir die Sache so klar und wichtig erschien, meinte ich gutgläubig, man würde sie gut nachvollziehen können. So war es natürlich nicht. Ich erfuhr fast nur Widerstand. Dadurch lernte ich aber: Trotzdem weitermachen, immer am Ball bleiben. Etwas am Menschen verändern ist nicht so einfach. Aber man muss es immer wieder versuchen. So kommt alles, was ich damals tat und immer noch tue – meine Entscheidung für die Freiheit im Denken wie im Leben – mit vollem Risiko und radikal! daher: aus der Erfahrung des Lichtes mitten in der dunkelsten Nacht.

Ich sitze immer noch in meinem Wohnzimmer. Diese Gedankengänge haben mich vom Fernsehen abgelenkt. Ich komme zu mir zurück und schalte wieder um.

Im anderen Programm wird ein Film über die Befreiung der Konzentrationslager 1945 durch die Alliierten gezeigt. Haut und Knochen in Gefange-

14

nenanzügen, Berge von Leichen. Tränen der Über-
lebenden. Triumphalismus der Sieger. Nur einige
Jahre später der Kalte Krieg. Noch waren die
Städte Trümmerfelder, noch lagen Verwundete in
Lazaretten, und schon schwebte das Gespenst
eines neuen Krieges über der Welt.
*Kritik der reinen Vernunft, Die Vernunft in der Ge-
schichte, Die List der Vernunft, Phänomenologie
des Geistes, Die Krise der europäischen Wissenschaften, Sein und Zeit.*
   Ja, glänzende Traktate, aber wo ist die Vernunft, wo die Seele? – Unendliche Traurigkeit erfüllte mich.

Nach meinem ersten Guatemala-Aufenthalt 1977
entschied ich, alles, was ich bis dahin in mehreren Studiengängen gelernt hatte, in Klammern zu
setzen und ganz von vorne anzufangen. Denn ich
befand: Mit dem, was seit den Vorsokratikern
über den Menschen gesagt wird, kann man die
wirklichen Menschen nicht erklären. *Wie ist der
Mensch gebaut, dass Derartiges möglich ist?* Diese
Frage quälte mich. Alsdann entdeckte ich in
Würzburg die in Vergessenheit geratenen Traditionen der Tiefe wieder. Ich entdeckte sie wieder
neu. Denn eigentlich war ich seit dem Jahr in der
Einsiedelei (Ermitas) in den Bergen von Córdoba,
über Lille und Paris, dann Rom 1960–1970 darin
ausgebildet worden. Vielfältiges Wissen, Musik
und Gesang, aber auch Selbstkritik infolge von
Gewissenserforschung gehörten zu den Funda-

menten der Ausbildung – genauso wie es in Hesses Glasperlenspiel beschrieben wird.

Doch die Wiederentdeckung war für mich eine Wiedergeburt. Ich lernte neue Denker der Tiefe kennen, ein weiter Horizont ging auf.[1] Von dieser Höhe konnte ich meine unmittelbare Umgebung, das epochale Geschehen und, in erster Linie, mich selbst kritisch beobachten. Bewegt durch die weltweite Orientierungslosigkeit der Jugend und der Korruptionswelle in Kirchen, Konzernen und Staaten nahm ich vor eini-

---

[1] Vgl. José SÁNCHEZ DE MURILLO, *Der Geist der deutschen Romantik. Der Übergang vom logischen zum dichterischen Denken und der Hervorgang der Tiefenphänomenologie.* München 1986. – Ein Teil dieser Forschungen wurde 1980 in Würzburg als Habilitationsschrift vorgelegt. Da sich die Habilitationskommission als unzuständig erwies und auch erklärte, nahm ich sie nach Gesprächen mit den Gutachtern zurück und legte sie der Phil. Fak. I und II der Universität Augsburg vor, die sie 1984 einstimmig annahm. Der Ausdruck *Tiefenphänomenologie* wurde für diese Art des Philosophierens 1980 von mir geprägt und erstmalig in der Habilitationsschrift bekannt gemacht. Er stellt die philosophische Übersetzung des Böhme'schen Wortes Ungrund (nicht Urgrund!) dar und hat mit neuzeitlichen Formen der Phänomenologie weder historisch noch sachlich etwas gemeinsam. Diese Vorgänge sind aufgrund der damaligen Gutachten und Gesprächsprotokolle festgehalten worden in: „Entstehungsgeschichte der Tiefenphänomenologie. Offizieller Bericht" (Webseite des Edith Stein Instituts). Andere Darstellungen, die in Aufsätzen, Büchern und im Internet zu diesem Thema kursieren, sind historisch und sachlich im Wesentlichen unzutreffend.

gen Jahren die Ergebnisse dieser Forschungen wieder auf, ich presste sie gleichsam zusammen, um sie nach und nach auf Papier zu bringen und der Öffentlichkeit mitzuteilen. Diese schriftstellerische Entscheidung hing zusammen mit der Gründung des Aufgang-Verlages.

Wie ist also der Mensch gebaut, der sich sowohl nach oben zu genialen Taten steigern als auch nach unten sich selbst in den Niederungen entgehen kann? Wodurch wird seine Unruhe verursacht? Ruhe sanft, steht auf vielen Gräbern in unseren Friedhöfen als das Teuerste, das wir unseren heimgegangenen Lieben wünschen. Doch es ist gerade die innere Unruhe, die den Menschen zu Kreativität und großen Werken antreibt.

Sehnsucht und Gier: Zwei Seiten desselben

Das Wesen des Menschen ist Drang. Von ihm wird er getragen – zentrifugal *nach außen* und zugleich zentripetal *nach innen* getrieben.

Die Tendenz nach außen bringt den Menschen über sich hinaus. Sie stiftet Neugierde, Kreativität, Sehnsüchte – sie begründet Steigerung, Genialität, Transzendenz.

Diesen Drang nach oben habe ich andernorts (nach der ursprünglichen Bedeutung des deutschen Wortes) *Sehnsucht* genannt.[2] Dabei geht es

---

[2] José SÁNCHEZ DE MURILLO, *Über die Sehnsucht. Urgrund und Abgründe.* Augsburg 2015. Hier wird nach etymologischer und sprachphilosophischer Begründung von der ur-

nicht primär um die alltäglichen Sehnsüchte, sondern um jene große Sehnsucht, die ihr Ziel nie endgültig erreicht; alle Ziele sind ihr vorläufig. Sie weiß eigentlich nicht, was sie will. Sie sehnt sich nur immerwährend nach etwas, das nie ankommt.

Durch *die Tendenz nach innen* will das Wesen in sich hinein; so äußert sie sich als Anziehungskraft, verursacht Hunger, Durst, Besitzdrang, Leidenschaft, Sucht. *Gier.*
Demnach stellt die vorliegende Abhandlung zur Gier – vorgelegt im Jahre 2018 – die Kehrseite dessen dar, was die Untersuchung der Sehnsucht 2015 offenlegte.

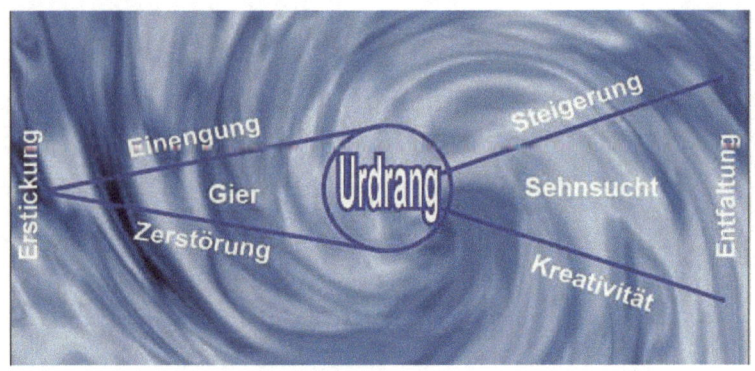

---

sprünglichen Bedeutung des eigentlich unübersetzbaren deutschen Wortes *Sehnsucht* ausgegangen und der Unterschied zwischen metaphysischer Sehnsucht und alltäglichen Sehnsüchten erläutert.

Die Sehnsucht bringt den Menschen über sich hinaus.

Die Gier treibt den Menschen in sich hinein.

Die eine will in sich, die andere über sich, so dreht sich das Wesen um sich.

Aus der einen Mitte gehen beide Strömungen hervor: Was nach außen drängt, ist dasselbe wie das, was nach innen will. Doch durch die Richtungsänderung verkehrt sich die Wirkung ins Gegenteil.

So ist Gier umgekehrte Sehnsucht. Beide weisen die Dynamik eines Dranges aus, der nur sucht, weil er nie zur Erfüllung kommt.

Der Sehnsucht ist jedes Ziel vorläufig. Sie *sehnt* sich immer wieder neu, *sucht* stets weiter.

Ebenso ist Gier unersättlich, sie will immer mehr, als sie bekommt.

„Immer weiter" – „Immer mehr". Dieses Streben legt den Grund sowohl für Gelingen als auch für Verderbnis.

Inquietum est cor meum donec requiescat in te – Mein Herz ist unruhig, bis es in dir ruht, hieß es im Altertum.[3]

Nur das Unendliche könnte den Menschen erfüllen. Doch wie könnte Endliches Unendliches in sich aufnehmen?

---

[3] Augustinus, Confessiones, 1,1,1.

Die menschliche Hybris

Weil vom unendlichen Drang getragen, wohnt dem Wesen des Menschen eine Tendenz zum *Übermaß* inne. Sowohl nach oben als auch nach unten fühlt er sich gedrängt, Ziele zu verfolgen, die seine Möglichkeiten übersteigen. So versucht er, durch viel Tun die ersehnte Fülle zu erreichen. Dadurch gewinnt die Quantität die Oberhand, ersetzt allmählich die Qualität. Schließlich wird das Sein durch das Haben definiert.

Aus diesem Missverständnis entsteht die Auffassung, die über Verhältnisse und Rangordnung entscheidet. Zum einen: Wer wenig hat, ist auch wenig. Ferner: Ziele werden angestrebt, die man nicht erreichen kann. Dinge werden als erstrebenswert betrachtet, die in Wirklichkeit zum Verderben führen. Davor wird seit Jahrhunderten gewarnt.[4]

Die angeführte Erörterung der eigentlichen Sehnsucht, deren Gegenstand unbestimmt ist, trägt den Untertitel *Urgrund und Abgründe*. Das bedeutet: Das Streben nach oben öffnet die Kluft.

In der Wiege von Spannung und Steigerung keimt auch die Kraft, die nach unten zieht. Die Abgründe offenbaren die Präsenz des Bösen mit-

---

[4] Im Laufe der Untersuchungen werden einschlägige Märchen und Mythen dazu angeführt, hier einleitend Sebald Behams Kupferstich *Das Unmögliche* von 1549. Quelle: https://commons.wikimedia.org/wiki/File:Sebald_Beham_D as_Unmoegliche.jpg. (Siehe nächste Seite.)

ten im Guten, der Borniertheit mitten in der Genialität, der Gier mitten in der Großmut.

Der Mensch ist nicht das eine gegen das andere, sondern alles zugleich.

Dieses Paradoxon wurde am Beispiel verschiedenartiger Gestalten im Kapitel zu den *Menschentypen* und im Abschnitt „Warum Denker im Leben scheitern" erläutert.[5] Bei Menschen, wie beispielsweise Mechthild von Magdeburg oder Teresa von Ávila, Erik dem Roten Thorvaldsson oder Niklaus  von Flüe, ist es nicht leicht auszumachen, wo die Trennungslinie zwischen Sehnsucht nach dem Erhabenen und getarnter Gier eines raffinierten Egos verläuft. Ebenso gingen gegensätzliche Philosophen wie Kierkegaard und Karl Marx, Hölderlin und Nietzsche am gleichen Phänomen existentiell zugrunde. Das Denken rettete sie nicht – es war vielmehr das Mittel, womit die Gier sie umbrachte. Dagegen

[5] Vgl. *Über die Sehnsucht. Urgrund und Abgründe.* Drittes Kapitel Menschentypen und Schicksale. Labyrinthe der Seele, 109–294.

zeigt sich deutlich die kreative Implikation von Unruhe der Sehnsucht und Drang der Gier bei Abenteurern wie dem Seemann Christoph Kolumbus und dem Extrembergsteiger Reinhold Messner. Dieser allerdings hat das Tiefenphänomen, um das es hier geht, reflektiert und die schöpferische Kraft seiner abgrundtiefen Unzufriedenheit eindrucksvoll beschrieben.[6]

Die Spitze des Heldentums und die Niederungen der gierigen Selbstzerstörung berühren sich oft. Denn beide gehen aus dem einen Drang hervor. In unserer Zeit hat das Phänomen beunruhigendes Ausmaß angenommen. Die Gier herrscht auf allen Ebenen, versteckt oder offen steuert sie das epochale Geschehen, bestimmt das Selbstverständnis des Menschen, manipuliert überall, verwandelt alles in Ware. Hinter allem steht eine Besessenheit: Geld vermehren! Gier ist zur Krankheit unserer Zeit geworden. Das ist unsere These: ein Faktum, eine nicht wegzudiskutierende Tatsache. Die vorliegende Untersuchung beurteilt also nicht moralisch, sie erforscht vielmehr das Phänomen.

Kann man Gier aus dem Leben des Menschen eliminieren? Wahrscheinlich nicht. Denn dafür müsste er anders gebaut sein. Und wenn er einmal zum Roboter wird bzw. von diesem ersetzt

---

[6] Vgl. Reinhold MESSNER, *Ich bin geworden, der ich bin.* In: Aufgang. Jahrbuch für Denken, Dichten, Musik, Band 11, 2014, 207–214.

wird? Antwort: Auch dann würde sie wahrscheinlich weiterwirken. Das wird im zweiten Teil der vorliegenden Abhandlung erörtert.

Heißt es, dass man gegen diese Krankheit nichts unternehmen kann?

Keineswegs. Als Erstes ist es wichtig und möglich, die Krankheit zu erkennen. Zu dieser Einsicht versucht unser Buch zu verhelfen.

Dann könnte der Einzelne durch Selbstdisziplin und durch Nachdenken über die Folgen der Herrschaft der Gier die Weise finden, sie in Schach zu halten. Dadurch könnte er wirksam dazu beitragen, sie im Ganzen der Gesellschaft zu zähmen.

Erster Teil
Was ist Gier? Woher kommt sie?

1. Kapitel
Über den Urdrang
des Menschen

1. Streben nach immer mehr. Die Unruhe

Nicht genau zu wissen, was man will – wer kennt diese Erfahrung nicht? Doch der Drang, trotz aller Ungewissheit immer weiterkommen und dabei besser als die anderen abschneiden zu wollen, scheint dem Menschen angeboren zu sein. Dieser Grundzustand verursacht die Unruhe, die das Leben antreibt.

Als Kind und auch in der Jugend lebt der Mensch in einer Welt von Märchen, Träumen, Idealen, die alle das eine Ziel verfolgen: Gewinnen, Freude haben, glücklich sein.

Der Mensch wird mit dem Drang geboren, groß zu werden.

Erfolg, Freiheit, Selbstliebe sind die Säulen dieses Projektes.

Doch sie können nicht ein für allemal errichtet werden. Vielmehr schwanken sie, manchmal brechen sie zusammen – und hinterlassen die Leere, die zum Weitergehen anspornt.

Die Suche nach sich selbst und dem eigenen Platz auf dieser Erde verläuft in der Regel dramatisch. Das ursprüngliche Weltbild des Kindes zerbricht eines Tages. Auch das Ich geht dabei zugrunde. Beides – das Ich und seine Welt – muss immer wieder aufgebaut werden.

Doch Enttäuschungen und Rückschläge haben eine positive Funktion. Sie weisen auf die Richtung und zeichnen eine Grundlinie in der Entwicklung des Menschen nach. Fehltritte können helfen, den eigenen Weg zu finden. Aus Fehlern kann man lernen: Finger weg! Du bist gewarnt. Das ist nicht deines.

Die Entwicklung verläuft meistens so: *Nach der Begeisterung kommt die Ernuchterung.* Vom Höhenflug der Illusion zur Landung auf der harten Landebahn der alltäglichen Wirklichkeit.

Immer wieder machen wir die Erfahrung, am Ziel nicht das zu finden, wovon wir anfangs geträumt haben. War die Erwartung zu groß?

Wir sollten nicht gleich von Sich-Übernehmen oder gar Scheitern reden. Der Drang über das Vorgegebene hinauszugehen, ist naturbedingt, das Gelingen jedoch nicht garantiert. Die Phasen des Lebens verbrauchen sich einfach.

Unzufriedenheit ist also nicht das Unglück einiger weniger, sondern geradezu das Schicksal des Menschen. Doch nicht alle erfahren sie gleich. Die meisten schleppen sie mit – versuchen, sie durch Ablenkungen zum Schweigen zu bringen. Andere dagegen erfahren die Kurzlebigkeit der Glücksmomente mit besonderer Intensität. Mancher steigt aus und zieht sich zurück, so etwa der Schweizer Niklaus von Flüe. Andere wiederum schöpfen gerade aus der Leere die Kraft für neue Unternehmungen, wie zum Beispiel der Bergsteiger Reinhold Messner.[7] Nichts erfüllt vollständig. Deshalb versuchen diese Menschen immer wieder den Neubeginn.

Fälle von fruchtbarer Selbstüberwindung finden sich allerdings nicht nur bei Ausnahmeerscheinungen, sondern auch in der Allgemeinheit.[8]

Für viele Menschen ist die Unruhe, welche die Leere nach verfehltem oder oft gar nach erreichtem Ziel erzeugt, gleichsam der Treibstoff, der sie bewegt. Entdecker, Erfinder, Gründer zeigen, dass erst die menschliche Unruhe die Geschichte vorantreibt. Doch auch dem Alltag fehlte ohne Un-

---

[7] Zum Fall Niklaus von Flüe vgl. José SÁNCHEZ DE MURILLO, *Über die Sehnsucht. Urgrund und Abgründe.* Augsburg 2015, 129-143.

[8] Dass Ausnahmeerscheinungen – statt des alltäglichen Menschen – zum Vorbild erhoben werden, hat seinen Grund darin, dass wir Menschen vor allem das bewundern, was wir nicht können, und dem nachtrauern, was wir nicht haben. Vgl. dazu ausführlich José Sánchez de Murillo, a.a.O.

zufriedenheit der Impuls für elementare Beweglichkeit.[9]

2. Schwäche durch Vergehen: Das Altwerden

Der Ehrgeiz treibt den Menschen sein Leben lang, aber nicht mit gleicher Intensität. Er entzündet sich, steigert sich, erreicht Höhepunkte, dann nimmt er ab, geht unter, verschwindet.

Die Unruhe des Dranges nach mehr erscheint in jeder Lebensphase anders. Nicht nur die Zeit, auch die Lebenslust vergeht. Es wiederholt sich ja alles. Die Wiederholung nimmt den Ereignissen die Frische des Unverbrauchten und verleiht ihnen die Prägung des Schon-Wieder. Auf Dauer wird das Bekannte langweilig.

Alles vergeht und alles kommt wieder. Doch wenn es wiederkommt, ist es nicht mehr dasselbe.

Die Vergänglichkeit! Diese Erfahrung prägt Weltreligionen und Kulturen. Was da imposant in

---

[9] Die Bedeutung der Ruhe oder Unruhe für das Leben hat sich im Laufe der Jahrhunderte verändert. Diese kulturgeschichtliche These vertritt Ralf KONERSMANN, in: *Die Unruhe der Welt*. Frankfurt 2015. Wir versuchen eine andere Dimension zu erhellen, bei der sich nicht der Grund, sondern nur die oberflächige Erscheinung ändert. In der Tiefe ist Odysseus heute genauso aktuell wie in der Epoche der griechischen Mythologie. Im Zeitalter der Unruhe fliehen Menschen nach wie vor in die Wüste, in die Berge, ins Kloster. Historische Differenzen prägen die Äußerlichkeit des Phänomens – die Substanz jedoch bleibt.

Kunst und Dichtung zum Ausdruck kommt, erfährt der Mensch mühsam konkret als *Altwerden.*

Vergänglichkeit ist ein Phänomen, das die menschliche Lebensweise durchzieht.

Gewiss stellen wir den Verbrauchsprozess fest, z.B. wenn wir uns im Spiegel anschauen. Aber wir erleben das Phänomen nicht als solches – genauso wenig, wie wir die Pflanze wachsen hören. Falten, Ermüdungserscheinungen, Konzentrationsschwäche haben ihre Entstehungszeit. Doch irgendwie überraschen sie uns – als etwas, das schon lange da war, sich nun aber plötzlich zeigt. Wir altern ständig – oft *ohne es eigentlich zu merken.* „Eigentlich" will besagen: *nicht punktuell.*

Vergänglichkeit bestimmt den Lebensweg im Allgemeinen und jede Strecke im Besonderen.

Erst wenn die Kindheit vorbei ist, fängt man an zu ahnen, was Kind sein bedeutet. Doch vollständig begreifen kann man das Gewesene nicht mehr. Deshalb verstehen Erwachsene die Kinder oft nicht, obwohl sie auch einmal Kinder waren. Das gilt für alle Lebensphasen. Solange man jung ist, erlebt man zwar die Jugend, aber ohne zu merken, was dabei eigentlich geschieht. Wenn man darin ist, hat man keinen Abstand. Später ist man draußen.

Es ist ein allgemeines Gesetz der menschlichen Lebensform: Was Erfahrungen und Erlebnisse bedeuten, merken wir erst im Rückblick. Als Individuen und als Gattung laufen wir stets hinter uns her.

So geht der Mensch unsicher durch das Leben – begleitet von einer unwiderlegbaren Gewissheit: Er wird immer älter.

Die Kehrseite des Phänomens ist: Erst die Vergänglichkeit macht unser Leben einmalig und wertvoll. Was wir gerade erleben, kehrt als solches nie mehr wieder. Also kommt es darauf an, den Augenblick auszukosten.

So lebt der Mensch als ein Wesen, das – vom immerwährenden Nu des Augenblicks getragen und durchdrungen – sich unaufhörlich entgeht.

Wohin entschwinden meine Erlebnisse? Werden sie irgendwo aufgehoben?

Die Simultaneität von Sein und Nichtsein im Punkt des Hier und Jetzt ist entscheidend, um den Abgrund zu verstehen, aus dem die Gier hervorgeht.

Der Mensch entsteht, um zu leben, doch gleich bei seiner Geburt fängt er an zu sterben. Diese Grundbefindlichkeit erleben einige intensiv, bei anderen überwiegt die intellektuelle Betrachtung, die meisten versuchen sich davon abzulenken. Doch alle – wie wenig bewusst auch immer – erleiden es, weil sie selbst das Phänomen *sind:* Ein Fass ohne Boden, das nur das Unendliche auszufüllen vermöchte. Doch wie könnte Endliches Unendliches aufnehmen.

So ist der Mensch – obzwar zum Glück geboren – eine Leidensgestalt. Ein Hunger quält ihn, der nie gesättigt werden kann. Er bleibt ein Gefäß, das nie gefüllt wird.

Gier ist der Versuch, diesen Mangel zu beheben – durch Umkehrung der Transzendenz. Der Drang, über sich hinauszugehen, kehrt sich nach innen und wird zur Tendenz, alles zu und in sich zu ziehen.

Die Erfahrung der Vergänglichkeit wird in der Mitte des Lebens geradezu tragisch, wenn der Mensch spürt, dass es dem Ende zugeht. Dann schreit es in ihm: Ich will frei sein, ich will alles wissen, ich will immer leben. Ich will! Das ist der Sinn, meint am Anfang der alternde Mensch – am Anfang, wenn er es noch mitzufühlen vermag.

Meisterhaft hat der Dichter-Philosoph Goethe diesen Urgrund der Gier zu Wort gebracht.

3. Beispiel: Die Pein des Doktor Faust nach Goethe

Eine Tragödie nennt Goethe sein Stück. Deren Hintergrund wird gleich in der *Zueignung* offenbart. Den Menschen schmerzt es, dass sein Leben vergeht und also im Laufe der Zeit zu einer Landschaft sehnsüchtiger Erinnerungen wird. Kaum der Wiege entsprungen, spürt er das Grab durch die Wolke von Gestalten, die einmal da waren.

> Ihr naht euch wieder, schwankende Gestalten,
> Die früh sich einst dem trüben Blick gezeigt.
> Versuch ich wohl, euch diesmal festzuhalten?
> Fühl ich mein Herz noch jenem Wahn geneigt?
> Ihr drängt euch zu! nun gut, so mögt ihr walten,

(...)
Ihr bringt mit euch die Bilder froher Tage,
Und manche liebe Schatten steigen auf;
Gleich einer alten, halbverklungnen Sage
Kommt erste Lieb und Freundschaft mit herauf;
Der Schmerz wird neu, es wiederholt die Klage
Des Lebens labyrinthisch irren Lauf,
Und nennt die Guten, die, um schöne Stunden
Vom Glück getäuscht, vor mir hinweggeschwunden.

Dem Lebensdrang stellt sich die prozessuale Abschwächung entgegen. Der Mensch will für immer da sein, doch sein Leben ist vom langsamen Absterben geprägt. Ewiges soll sich im Fluss der Vergänglichkeit ereignen? Ach, welch ein Unsinn.

So wirft gleich zu Beginn Mephistopheles dem Schöpfer vor, bei der Idee einer solchen Schöpfung daneben getroffen zu haben. Er tut es nicht ohne Ironie. Denn wie könnte man so ein Konstrukt ernst nehmen?

Mephistopheles zum Herrn:
(...)
Verzeih, ich kann nicht hohe Worte machen,
Und wenn mich auch der ganze Kreis verhöhnt;
Mein Pathos brächte dich gewiß zum Lachen,
Hättst du dir nicht das Lachen abgewöhnt.
Von Sonn' und Welten weiß ich nichts zu sagen,
Ich sehe nur, wie sich die Menschen plagen.

Dem Schöpfer wird also vorgeworfen, das widersprüchliche Wesen *Mensch* mit einer komischen Eigenschaft ausgestattet zu haben: dem Größenwahn. Er hält sich für einen „kleinen Gott", welcher, zusammen mit dem verrückten Drang nach

dem Höchsten, auch „den Schein des Himmelslichts" erhält: das Denken der Vernunft. Es ermöglicht ihm, seine größenwahnsinnige Einbil-
dung als Wahrheit zu begründen.

Der kleine Gott der Welt bleibt stets von gleichem
Schlag,
Und ist so wunderlich als wie am ersten Tag.
Ein wenig besser würd er leben,
Hättst du ihm nicht den Schein des Himmelslichts
gegeben;
Er nennt's Vernunft und braucht's allein,
Nur tierischer als jedes Tier zu sein.
Er scheint mir, mit Verlaub von euer Gnaden,
Wie eine der langbeinigen Zikaden,
Die immer fliegt und fliegend springt
Und gleich im Gras ihr altes Liedchen singt;
Und läg er nur noch immer in dem Grase!
In jeden Quark begräbt er seine Nase.

Selbst einem Gott ist der Mensch ein Rätsel. Der
Schöpfer bringt keine Argumente, fühlt sich nur
von der Klage überfordert.

DER HERR:
Hast du mir weiter nichts zu sagen?
Kommst du nur immer anzuklagen?
Ist auf der Erde ewig dir nichts recht?

Mephistopheles:
Nein Herr! ich find es dort, wie immer, herzlich
schlecht.
Die Menschen dauern mich in ihren Jammertagen,
Ich mag sogar die Armen selbst nicht plagen.

Gegen die Frechheit des Teufels ist eigentlich
nichts einzuwenden. Wenn überhaupt, könnte
man vielleicht ein Spiel versuchen – eine Komödie

eben –, welche die Lage des Menschen erhellen und sein Problem lösen würde.

Des Menschen Problem ist, von Natur aus sterblich zu sein, aber unbegrenzt leben zu wollen.

Doch wer könnte es lösen? Gott scheint es zu wissen.

DER HERR:
Kennst du den Faust?

Mephistopheles:
Den Doktor?

DER HERR:
Meinen Knecht!

So wird der akademische Gelehrte Dr. Faust als Prototyp des Menschen ausgewählt, der das Experiment versuchen soll, dem Schicksal zu entkommen.

Obwohl sein Leben keineswegs durchschnittlich war, ist Faust mit dem, was er gemacht hat, unzufrieden.

Faust:
Habe nun, ach! Philosophie,
Juristerei und Medizin,
Und leider auch Theologie
Durchaus studiert, mit heißem Bemühn.
Da steh ich nun, ich armer Tor!
Und bin so klug als wie zuvor (...)
Und sehe, daß wir nichts wissen können!
Das will mir schier das Herz verbrennen.
(...)
Auch hab ich weder Gut noch Geld,
Noch Ehr und Herrlichkeit der Welt (...)

Zwei Grundmomente der Tragödie unterscheiden die Interpreten: die Krise des *Gelehrten* und die Krise des *Menschen*. Es ist ein und derselbe Mensch, der alles doppelt erlebt. Es sei ja ein Grundmerkmal seines Daseins, dass er *zwei Seelen* in seiner Brust habe.

Der Gelehrte fühlt sich frustriert, weil er in der Mitte seines Lebens merkt, dass er nichts weiß. Doch einfältig ist Dr. Faust keineswegs. Er fühlt sich vielen überlegen. Der wahre Grund seiner Unzufriedenheit ist, dass sein Wissen (das Wissen des Menschen) nicht bis zum Seinsgrund reicht.

> Daß ich nicht mehr mit saurem Schweiß
> Zu sagen brauche, was ich nicht weiß;
> Daß ich erkenne, was die Welt
> Im Innersten zusammenhält (..)

Auf einmal werden ihm die beim Studium verschwendeten Nächte, die vielen Bücher, die im Vergleich mit seinem Anliegen nur Nebensächliches enthalten, zu einer Belastung.

> O sähst du, voller Mondenschein,
> Zum letztenmal auf meine Pein,
> Den ich so manche Mitternacht
> An diesem Pult herangewacht:
> Dann über Büchern und Papier,
> Trübsel'ger Freund, erschienst du mir!
> (...)

Oh! naive Überheblichkeit des Menschen, der sich für einen kleinen Gott hält, aber in Wirklichkeit ein Hauch ist – ein Lüftchen, das, kaum erschienen, gleich vorüberzieht. Zugleich jedoch ist er ein

Drang nach Fülle, der im Fluss des Zeitlichen
niemals zu seinem Ziel zu kommen vermag.
Der Akademiker Faust denkt oder vielmehr fühlt
auf einmal konkret.

In jedem Kleide werd ich wohl die Pein
Des engen Erdenlebens fühlen.
Ich bin zu alt, um nur zu spielen,
Zu jung, um ohne Wunsch zu sein.
Was kann die Welt mir wohl gewähren?
Entbehren sollst du! sollst entbehren!
Das ist der ewige Gesang,
Der jedem an die Ohren klingt,
Den, unser ganzes Leben lang,
Uns heiser jede Stunde singt.
(...)
Und so ist mir das Dasein eine Last,
Der Tod erwünscht, das Leben mir verhaßt.

Solange der Mensch den Naturgesetzen unterworfen ist, kann er nicht glücklich werden. Doch Glück bleibt das Ziel. So folgt Faust einer langen Tradition von Menschen, welche die Grenzen des Daseins erkannt und, um sie zu sprengen, sich auf der Suche nach dem *philosophischen Stein* gemacht haben.

Es möchte kein Hund so länger leben!
Drum hab ich mich der Magie ergeben

Da, in der Magie, entdeckt Faust die neue Bibel, die Grundlagen der neuen Wissenschaft:

Flieh! auf! hinaus ins weite Land!
Und dies geheimnisvolle Buch,
Von Nostradamus' eigner Hand,
Ist dir es nicht Geleit genug?

Eigentlich nicht. Faust sieht ein, dass er der Neu-
entdeckung nicht gewachsen ist. Die Verzweiflung
wächst. Er will sich umbringen. Doch in dem Augenblick, da er das Gift zu sich nehmen will, wird
er vom Glockengeläut abgelenkt. Es ist Ostersonntag.

Um übereiligen Interpreten zuvorzukommen,
die gleich die Szene von der Auferstehung Christi
her deuten würden, betont der Dichter, es sei
nicht das Ostermysterium, sondern die Erinnerung an glückliche Tage seiner Kindheit, die ihn
vom Selbstmord abgelenkt haben.

Die Grundaussage ist: Dr. Faust stellt gewiss
den Menschen überhaupt dar, aber von der Seite
gedeutet, die das Leben bejaht.

Doch nicht nur leben will er, sondern glücklich
leben – und zwar für immer.

Mephistopheles, der Geist, der stets verneint, aber
zugleich beide Seiten des Menschen kennt – die
zwei Seelen, die in *einem* Leibe wohnen –, liest
zwischen den Zeilen. Aus dem Gesagten hört er
das Gemeinte heraus:

Der Gelehrte trachtet nach dem *absoluten Wissen* über den Urgrund, der das Ganze „im Inners-
ten zusammenhält“. Doch *der Mensch* will grenzenlos lieben und geliebt werden – und zwar konkret durch eine Frau und mit ihr.

Den Urgrund des Seins erkennen; ferner die
Vergänglichkeit überwinden, um für immer jung
zu bleiben und so endlos eine junge Frau zu lie-

ben und von ihr geliebt zu werden – das ist der Traum des Dr. Faust. Dessen Verwirklichung soll mit Gottes Erlaubnis der Teufel selbst ermöglichen.

Der Dichter präzisiert allerdings: Wie dem frustrierten Akademiker keine einzelne Wissenschaft mehr, sondern nur das absolute Wissen genügt, so ist für den immer jung bleiben wollenden Mann *eine* Frau allein keineswegs das Ziel seines Begehrens. Er will alle Frauen lieben oder genauer: *die Frau überhaupt,* welche per definitionem nicht alt werden kann:

Faust:
Laß mich nur schnell noch in den Spiegel schauen!
Das Frauenbild war gar zu schön!

Mephistopheles:
Nein! Nein! Du sollst das Muster aller Frauen
Nun bald leibhaftig vor dir sehn
(Leise.) Du siehst, mit diesem Trank im Leibe,
Bald Helenen in jedem Weibe.

Der Traum wird Wirklichkeit:
Augenblick, verweile doch, du bist so schön!

Die größte Gier des Menschen ist erfüllt.
Doch nur scheinbar. Denn Dr. Faust ist ein Mann. So stellt er das Problem des Menschen dar – aber des Menschen als Mann.

Der Mensch geht als Mann und Frau auseinander. Wenn der Mann eine dominierende Rolle spielen will, beansprucht eine Seite das Ganze für sich. Der Mann beansprucht, die Verwirklichung des ganzen Menschen zu sein.

Ist diese Identifizierung des Menschen mit dem Manne, diese Verwechslung, die erste Erscheinung der Gier in der Geschichte?

In Dr. Fausts Brust leben zwei Seelen. Sind es vielleicht das männliche, erobernde, harte und das weibliche, aufnehmende, weiche Prinzip?

Wie die Tragödie weitergeht, ist bekannt. Der durch Teufels Gnade verjüngte Gelehrte wünscht sich eine junge Frau, Gretchen, die er verführt. Sie hat keine weltbewegenden Pläne, hält sich vielmehr für ein unbedeutendes Mädchen, das verblüfft ist, von so einem Mann begehrt zu werden. Und sie sagt zu, gibt sich hin.

Verliebt gerät die Frau zuerst durcheinander.

> Meine Ruh ist hin,
> Mein Herz ist schwer;
> Ich finde sie nimmer
> und nimmermehr.

Sie wird schwanger, kommt aus dem Gleichgewicht. Gebiert ein Kind, tötet es. Die menschliche Welt endet wieder in der Katastrophe.

Könnte die Aussage der Tragödie diese sein: Wie man es dreht und wendet, selbst wenn sich Gott und Teufel vereinen, bleibt das Projekt *Mensch* widersprüchlich, unrealisierbar. Denn ein endliches Wesen, dem ein unendlicher Drang eingeprägt ist, kann niemals lebensfähig werden.

41

Der Teufel (der verneinende Geist) gewinnt also a priori, selbst wenn das gute Prinzip, Gott, als Ursprung und Ziel der Schöpfung angesehen wird. Das Gute, ja das Sein, ist von Anfang an zum Scheitern verurteilt:

> Ich bin der Geist, der stets verneint!
> Und das mit Recht; denn alles, was entsteht,
> Ist wert, daß es zugrunde geht;
> Drum besser wär's, daß nichts entstünde.
> So ist denn alles, was ihr Sünde,
> Zerstörung, kurz, das Böse nennt,
> Mein eigentliches Element.

*

Auf der Suche nach dem Ursprung der Gier weist Goethes Werk auf die Tiefendimension.

Gier wurzelt im Wesen des Menschen. Sollte sie sich als eine Krankheit, ja als eine Sucht erweisen, so wissen wir, woher sie kommt: Aus der Natur des Menschen selbst.

Deshalb ist Gier „früher", tiefer, also wesenhaft anders als alle anderen Krankheiten. Das zu erkennen und zu erforschen, ist unbedingte Bedingung (*conditio sine qua non*) für eine angemessene Problemstellung bezüglich der Eigenart der individuellen Existenz und der menschlichen Gesellschaft.

2. Kapitel

Über die Gier allgemein

1. Was ist Gier?

Unter Gier wird hier verstanden: ein *übermäßiges* Verlangen nach bestimmten, manchmal lebenswichtigen Gegenständen, das den Menschen überwältigt. Nicht der Drang, sondern das Übermaß seines Erscheinens wird als Gier bezeichnet. Die Gegenstände können neutral oder an sich gut sein. Doch übermäßig gebraucht werden sie schädlich.

Wenn die Anziehungskraft von materiellen oder geistigen Gütern stärker ist als der Wille, sprechen wir von Gier. *Der Trieb beherrscht den Menschen.*

2. Grund der Gier

Wodurch entsteht Gier? Wie ist sie möglich?

Der Grund der Gier ist die menschliche Natur selbst. Deren Dynamik zwingt den Menschen *nach außen* und *über sich hinaus.*

– *nach außen*: In sich verschlossen würde der Mensch ersticken. So ist er mit Sinnen (Öffnungen und Fühlern) ausgestattet, die eine Freisetzung der Innenenergie ermöglichen.

– *über sich hinaus:* Der Drang treibt den Menschen nach etwas, das er in sich nicht hat und von sich aus nicht immer zu erreichen vermag. So ist er stets damit befasst, seine Bedürfnisse zu befriedigen und Wünsche zu erfüllen. Der Mechanismus wiederholt sich regelmäßig. Hat er etwa seinen Hunger gesättigt, muss er bald wieder essen. Hat er ein Ziel erreicht, ist es ihm nicht genug. Von Wunsch zu Wunsch, von Traum zu Traum, von Ent-Täuschung zu Ent-Täuschung übergehend schreitet der Mensch seinen Weg voran – beunruhigt durch die Frage: Was will ich denn eigentlich?

– Antwort: Was er *eigentlich* will, weiß der Mensch vermutlich oft nicht, selbst wenn er meint, es zu wissen. Diese Gewissheit dauert meistens nicht lange. Bald ist man wieder unsicher. Die Stimmung schlägt um.

Das Verlangen nach etwas, das nie eintritt, nennt die deutsche Sprache *Sehnsucht*. Um die tiefe Wurzel der Gier offenzulegen, muss bis zum

Urgrund der Sehnsucht zurückgeforscht werden. Dabei ist die Unterscheidung zwischen *Sehnsucht (in der Einzahl)* und *Sehnsüchten* leitend.[10]

Die *Sehnsucht* als psychisch-geistiger Drang nach etwas, das man oft nicht genau zu präzisieren vermag, stiftet – als Erfüllungsversuch bzw. als Ablenkungsmanöver – konkrete *Bedürfnisse* als leibliche Mängel. Aus diesem Zusammenspiel von Geist und Leib gehen hervor: einerseits die menschliche Unzufriedenheit, welche *positiv* die Arbeitskraft, die Kreativität und die Sexualität antreibt; andererseits das Verlangen nach Leben und Überleben, nach dem, was die Religionen Gott nennen, nach Anerkennung und Weite, die Abenteuerlust.

In der großen Sehnsucht also gründen sowohl die *Transzendenz,* die über sich hinaus hebende Dynamik der Selbststeigerung, als auch die *Gier* als Tendenz, alles zu sich zu ziehen, alles in sich zu verschlingen.

Sehnsucht und Gier wurzeln also im Ur-Drang der Natur, die Bedingung ihrer selbst außerhalb zu suchen. Während aber die Sehnsucht *zentrifugal* ausgerichtet ist und deshalb auf Entfaltung und Erhöhung zielt, ist die Gier *zentripetal* orientiert, in sich gekehrt, verzehrt sich selbst.

---

[10] Diese Klärungsarbeit ist bereits geleistet worden, vgl. José SÁNCHEZ DE MURILLO, *Über die Sehnsucht. Urgrund und Abgründe.* Augsburg 2015.

Sehnsucht und Gier haben denselben Grund, gehen jedoch in entgegengesetzte Richtungen, mit jeweils anderer Verfallsform: Die Transzendenz kann in Flucht ausarten, die Gier engt sich immer mehr ein, bis sie erstickt.

Doch wodurch wird der Grund (der Drang der Natur nach Fülle) zur konkreten Gier?
Antwort: Durch den Bezug zum Gegenstand, der wiederum vom Geschlecht, von der Erziehung in Familie und Gesellschaft abhängt. Den Umstand, der diese Konkretisierung des allgemeinen Drangs bewirkt, nennen wir *Ursache der Gier.*

3. Ursache der Gier

Die Ursache verwirklicht den Grund (den Drang). Schlichter gesagt: Der Ur-Drang nach Besitz und Fülle erscheint aufgrund der geschichtlichen und individuellen Situation *konkret,* d.h. jeweils anders. Gier ist nie abstrakt. Wir haben immer mit konkreter Gier zu tun: von Frauen und Männern, von Armen und Reichen, von Familien und Institutionen, von Kirchen und Staaten usw. Es ist *die eine* Gier, aber in der *Vielfalt* von subtilen Differenzen.

Auf jeder Ebene hat die Gier eine andere Funktion, die entsprechend bezeichnet wird:

Der abgeleitete Ausdruck *Begehren* wird vorwiegend mit geistigen Empfindungen (Sehnsüchten, Vorstellungen, Wünschen), *Begierde* jedoch eher mit körperlichen Bedürfnissen (Hunger, Durst,

Süchten, Trieben) in Verbindung gebracht. Ferner wird Begierde *literarisch* als Bezeichnung für sexuelle Lust verwendet, während Begehren (französisch *désir*) durch Jacques Lacan einen ausgezeichneten Gebrauch im Bereich der Psychoanalyse gefunden hat.[11]

In all diesen Bedeutungen geht es *regional* um die Ursache der Gier, nicht um den Grund.

In der vorliegenden Abhandlung wird dagegen versucht, beim Ursprung anzusetzen. Da *erscheint* die *Gier* als Wurzel der Wesensdynamik des Menschen – dessen also, was in Philosophie, Theologie und auch im alltäglichen Sprachgebrauch als Transzendenz bezeichnet wird.

Gier ist grenzenlos. Die Grenzenlosigkeit gehört zum Wesen der Gier, aber sie zeigt sich in jeder Situation anders. Der Ur-Drang dehnt sich immer weiter aus. Etwa: Kaufzwang ist eine neurotische Form von Gier, die nicht immer schwerwiegend sein muss; manchmal ist sie unmerklich. Geht man jedoch der Neurose auf den Grund, so kann man darin den Schlüssel für Lebensprobleme des Betroffenen finden. Unter Kaufzwang können sowohl arme als auch reiche Menschen leiden. Die Erscheinungen sind unterschiedlich, weisen auf verschiedene *Ursachen* hin, der *Grund* jedoch bleibt in jedem Fall identisch.

---

[11] Lacans Denken bewegt sich auf der Ebene der Sehnsüchte (in der Mehrzahl). Die vorliegende Abhandlung geht von der tieferen Sehnsucht aus. Vgl. die in der Anm. 1 angeführte Untersuchung.

Erläuterung:
Ursache = Warum muss *dieser* Mensch gerade *dies* kaufen?

Grund = Warum ist der Mensch überhaupt gierig?

Der gierige Drang wirkt konkret durch empirisch feststellbare Ursachen, wie etwa genetische Veranlagung, Erziehung, Umwelt, Epoche usw. Doch diese empirischen Ursachen vermögen das Faktum nicht zu erklären, dass Gier zu allen Zeiten und in allen Kulturen und Institutionen vorkommt und oft dort überraschend durchbricht, wo man sie aufgrund von Erziehung und Umwelt kaum vermutet.

Der Unterschied zwischen Grund und Ursache ist von Bedeutung im Hinblick auf die Bestimmung (Diagnose) der Gier als psychosomatische Krankheit, auf die Pathogenese und auf die Frage nach Möglichkeit und Formen von Therapie.

4. Erscheinungsformen der Gier. Der Ehrgeiz

Gier betrifft materielle und geistige Güter. Besonders auffällig ist das Streben nach Besitz und Geld (Habgier, Raffgier), nach Macht und Herrschaft (Machtgier), nach Essen und Trinken (Essgier, Trunksucht), nach Sexualität (Sexgier).

Ehrgeiz gehört auch dazu, bezieht sich aber nicht auf materielle Ziele. Es geht ihm vor allem um Anerkennung; er hat also meistens einen psychologischen Charakter. Die angestrebte Anerkennung kann durchaus verdient sein. Man spricht deshalb auch von einem „echten" oder „gesunden" Ehrgeiz. In der Praxis ist dieser vom „falschen" (der mehr anstrebt als ihm zusteht) schwer zu unterscheiden. Die etymologische Gestaltung des Wortes (aus „Ehre" und *„Geiz"*, also „Gier") deutet auf diese Zweideutigkeit hin.

Ebenso schwer durchschaubar sind Formen der Gier, welche durch die Gesellschaft geduldet, gut geheißen oder gar als vorbildlich angesehen werden, so etwa die Strebsamkeit bei der Karrieresucht, hinter der sich oft ein Unmaß von Geltungs- und Machthunger verbirgt.

Doch immer wenn das Verlangen den Menschen überwältigt, liegt Gier als *pathologisches Phänomen* vor. Das will besagen: Durch das Zuviel wird die natürliche Gier dem Menschen zum Problem; das *Übermaß*, das Bedürfnis nach *Übersättigung,* deutet auf Krankheit hin.

Dabei kommt es vor, dass in gewissen Lebensbereichen der natürliche Drang zu schwach ist; dann sucht das Übermaß in anderen Bereichen den Ausgleich.

Zum Beispiel: Ist der sexuelle Hunger zu schwach, wird durch ein Übermaß in anderen Lebensbereichen das Selbstwertgefühl zu erhalten gesucht. Oft verraten Karrieresucht, Machtsucht u.ä. Bedürftigkeit in fundamentalen Dimensionen. Dazu gehört nicht nur das Sexleben, sondern auch die authentische Selbstachtung, die Selbstgenügsamkeit, die Fähigkeit, eine persönliche

Bindung einzugehen. Geld, Position, Ruhm, ersetzen oft mangelnde oder geringe Selbstachtung bzw. decken sie zu. Deshalb können Existenzen zusammenbrechen, wenn der Erfolg ausbleibt. So ist der Selbstmord von jungen Stars ein tragisches Phänomen unserer Zeit. Nach Enttäuschungen bzw. nach Erfahrung der Leere haben sich früher junge Menschen ins Kloster, in die Wüste zurückgezogen, um mit sich selbst ins Reine zu kommen. Heute, im Zeitalter der Gier, bringen sie sich um, weil die übermäßige Geltungssucht bis in die höchsten Dimensionen vorgedrungen ist.

Ziel der menschlichen Selbstverwirklichung ist heute nicht nur bewundert, sondern vor allem von vielen *gesehen* zu werden und dadurch *viel Geld* zu verdienen.

Man meint: Nur wo viele zuschauen, ereignet sich Wichtiges, wer viel Geld besitzt, erringt leicht eine Position und wird dadurch redeberechtigter als andere, die vom persönlichen Können und von der Sache her mehr zu sagen hätten.

Die Quantität ersetzt die Qualität.

Dem folge die Masse, heißt es dazu – und sie bekomme die Machthaber, die sie verdiene. Doch das heutige Phänomen ist vielmehr: *Wir alle sind zur Masse geworden und entsprechend manipulierbar.*

Die Vermassung der Gesellschaft ist der Triumph der Gier.

Gier ist die epochale Krankheit des 21. Jahrhunderts.

5. Handlungsweise der Gier

Gier bemächtigt sich des Menschen derart, dass das Ziel des Bestrebens zu einer *fixen Idee* wird. Alles dreht sich um das Besitzen. Die Fixierung auf den Gegenstand der Begierde kann so wachsen, dass der Mensch für alles andere unempfindlich wird. Das *Übermaß* der Gier in einem Bereich kann die Elementarfunktionen in anderen Bereichen zum Erliegen bringen.

Klassischer Fall: Der Politiker, der in der Öffentlichkeit intensiv nach Anerkennung trachtet, vermag zu Hause kaum präsent zu sein. Die Verzerrung kommt genauso oft bei Politikerinnen vor, welche den Bezug zur eigenen Geschlechtlichkeit verlieren und am Ende weder Frauen noch Männer sind – nur noch Opfer der Machtgier. Ben Gurion soll einmal vor seinem Kabinett gesagt haben: Hier habe ich nur einen Mann – und das ist Golda (Meir).

Gier wirkt individuell. Alle Menschen – ob arm oder reich – begehren, doch nicht alle werden in gleicher Form gierig.

Ferner ist Gier ein sozial-geschichtliches Phänomen. Sie beherrscht Institutionen, Kirchen, Wissenschaften, Sport, Politik. Sie überrollt alles, was der Mensch denkt und tut. Das Phänomen Gier erklärt erst grundlegende Aspekte der chaotischen Eigenart des Zeitalters.

Gier handelt wie ein gigantischer Polyp mit zahlreichen Fangarmen. Jeder von ihnen kann das Opfer strangulieren.

Die Gier entwickelt sich maßlos: a) Sie wächst über sich hinaus, b) sie sammelt mehr als sie braucht, c) sie nimmt keine Rücksicht, nicht einmal auf sich selbst, d) sie dreht sich nur um sich, e) sie zerstört die Objekte und verschlingt schließlich das Subjekt.

Die Gier pflegt sich zu verschleiern, indem sie unter dem Vorwand der Großzügigkeit für das Gemeinwohl auftritt. So getarnt beherrscht sie die Welt – vom menschlichen Alltag über die große Politik bis zur Spitze von Religion und Wissenschaft.

Die Gier unterscheidet keine Bereiche, überschreitet alle Grenzen, kennt kein Gewissen. Ob Besitz, menschliche Beziehungen, Familie, Religion, Vaterland, Welt oder Kosmos – die Gier will nur immer mehr haben, drängt rücksichtslos nach vorne, ohne zu beachten, dass sie dabei sogar die Voraussetzungen ihrer selbst zerstört.

Die Abgründe des Menschen sind zahlreich, bleiben jedoch meistens verborgen. Doch sie werden alle von der hungrigen Mutter Gier enthüllt und offenbaren in ihrer Vielfalt eigentlich einen einzigen Abgrund: den Drang nach Übermaß und folglich nach Selbstzerstörung.

Der Selbstauflösungsdrang wird in einer Anzahl von „Aktionen" tätig. Doch allen gemeinsam ist das *Zuviel*, das gelegentlich unter dem Deckmantel des Abgesichert-sein-Wollens zu wirken pflegt.

Trunken vom Übermäßigen verliert der Mensch das Gleichgewicht der geeigneten Proportionen.

Das Maß der Normalität ist für die Gier banal.

Da Gier das Sein durch das Haben definiert, muss der gierige Mensch mehr als die anderen haben, um mehr als sie zu sein.

Die Gier verkleidet sich gekonnt. Durch den etablierten Grundsatz „du bist, was du hast", nistet sie sich im Individuum ein. Mit ihrer Lieblingswaffe, dem Neid, beherrscht die Gier die Welt.[12]

6. Verkleidungen der Gier

Der zentripetale Drang, alles an sich zu ziehen, erscheint in verschiedenen Gewändern, die in den abendländischen sowie morgenländischen Traditionen entsprechende Bezeichnungen erhalten haben:

a) Im christlichen Abendland sind sie unter dem Begriff der Hauptlaster bekannt, die dem Mönch Euagrios Pontikos im vierten Jahrhundert zugeschrieben werden: Hochmut, Neid, Völlerei, Geiz, Faulheit oder Trägheit, Zorn, Wollust. (Lateinisch: *superbia, invidia, gula, avaritia, acedia, ira, luxuria.*)

b) Im morgenländischen Buddhismus werden drei *Geistesgifte* als Wurzeln des Unheils hervor-

---

[12] Zur tiefenphänomenologischen Bedeutung des Neides vgl. José SÁNCHEZ DE MURILLO, *Fundamentalethik.* München 1988, 62–64.

gehoben: *Gier, Hass und Verblendung* bzw. Unwissenheit.

Es ist aber *der eine* Drang, der sich vervielfältigt, seine Fangarme überallhin ausstreckt und im Rausch alles, was ihm im Wege steht, unkontrolliert hinunterschluckt.

7. Kreativität der Maßlosigkeit.

Das Übermäßige kann auch kreativ sein – genauso wie für einige Menschen sich eine Krankheit fruchtbarer auswirken kann als Gesundheit.

Natur ist gierig – breitet sich aus, wuchert. Handelt im Menschen ausschließlich die Natur, entfaltet sich die Gier pur. Ohne Geschichte. Ohne Erinnerung. Es herrschen nur Lust und Laune des Augenblicks.

Vollrausch. Die Konturen verschwinden. Genuss der Selbstauflösung.

Unbestimmtheit ist verlockend. In der Anonymität flieht der Mensch zurück zum Urgrund, wo noch nichts es selbst ist.

Die Maßlosigkeit ist eine Urneigung des Menschen. Bisweilen zeigt sie sich gerade dort unwiderstehlich, wo die äußeren Regeln am strengsten sind. Man erstickt in der Enge und man erfindet den Ausweg in die Weite, wo durchgeatmet werden kann.

Die Selbstauflösung kann grob oder fein erfolgen. Aus der Erfahrung der Leere wird das Übermaß zum Mittel für die gehobene Flucht. So gibt es eine Kultur des Ungeregelten, eine Kunst der

Selbstzerstörung, die viele genauso anzieht wie bei anderen Heiligkeit und Mystik.

Die Ekstase nach oben und die Ekstase nach unten sind als Abkehr vom Mittelmaß wesensverwandt. Beide gefallen sich darin, die institutionalisierte Moral als Heuchelei des Kleinbürgertums zu entlarven. Deshalb werden beide gefürchtet und verfolgt. In Ägypten, in Babylon, in Griechenland, in Rom. Da begründeten Gemeinschaften mythologisch sich selbst und bejubelten in orgiastischen Zeremonien die Geburt der Kreativität.

Ekstatische Selbstauflösung in Elitekreisen der europäischen Neuzeit. Es war, vor allem in Frankreich, eine besondere Zeit. Das Etablierte wurde banal, die Absicherung wirkte abstoßend. Dagegen lehnte sich die Stimmung im Parnass auf: *lieber kurz aber tief als lang und flach.* Der Dichter Charles Baudelaire (1821–1867) besang in *Les Fleurs du Mal* Ortschaften und Höhepunkte des Genies und brachte damit die französische Gesellschaft in Aufruhr. Genauso wie vor ihm Jeanne d'Arc und Giordano Bruno und so viele andere, die anders als die anderen waren.

Auch im 20./21. Jahrhundert, gelegentlich in unserer Nähe, wirken immer wieder Bemühungen, gegen die sterile Eintönigkeit des gesetzlich Geregelten Flamme und Feuer lebendig zu halten. Natürlich anonym. Denn nicht jeder hat den Mut, sich offen zu bekennen. Über Freiheit zu reden, kommt oft gut an; nicht jedoch sie vorzuleben. Das Bestehende war und bleibt gegen Sprossen der Spontaneität unbarmherzig. Wer mag schon den Spiegel, der ihm das Elend der eigenen Flachheit zeigt?

Ekstasen des Geistes. Ekstasen des Fleisches. Vielen Menschen ist beides ein und dasselbe.

Einigen wird genau das zum Verhängnis, was andere rettet. Warum? Keine Antwort. Im Urgrund, wo das Leben gärt, gibt es noch keine Gründe.

So wurde die Gier über Jahrhunderte als größtes Übel der Menschheit angesehen, während sie heute vielerorts als Bedingung für den Fortschritt betrachtet wird. Ohne Gier kein Fortschritt, heißt es.

Ist das ein neues Dogma der Oberflächlichkeit? Ja, warum nicht, würden vielleicht viele antworten. Gier muss nicht schlecht sein, es kommt darauf an, wie man damit umgeht.

Doch Relativismus wäre fehl am Platz. Man kann schon zwischen gesundem Streben und pathologischem Drang unterscheiden.

Letzteres ist heute der Fall – aber auch ein geschichtsmedizinisches Novum: Über das Individuum hinaus stellt Gier einen pathologischen Wesenszug des Zeitalters dar.

Das Zeitalter ist durch die Menschen an der Gier erkrankt. Aber die Menschen sind im Wesen gierig geworden, weil sie aus einem von der Gier durchdrungenen Zeitgeist geboren werden.

Das ist ein Teufelskreis, der sich um den medizinisch evidenten Mittelpunkt dreht: Gier als epochale Sucht.

Zweiter Teil
Gier ist zu einer
Suchtkrankheit geworden

3. Kapitel
Begriffsklärung

Inhalt
1. Über Erkrankung und Krankheit
2. Vom Symptom zum Syndrom
3. Krankheit als epochales Phänomen
4. Tiefenphänomenologische Pathologie

1. Über Erkrankung und Krankheit

Allgemein wird Krankheit als Störung der Funktionsfähigkeit eines Einzelorgans bzw. des gesamten leiblichen wie seelischen Wohlbefindens verstanden. Allerdings kann auch eine Störung der Befindlichkeit ohne medizinische Bedeutung vorliegen.[13]

---

[13] W. SANDRITTER, G. BENEKE: *Allgemeine Pathologie. Lehrbuch für Studierende und Ärzte.* Stuttgart/New York 1981; W. ROTTER: *Lehrbuch der Pathologie.* Bd. 1, Stuttgart/New York 1985; *Pathogenese.* In: Norbert Boss (Hrsg.): *Roche Lexikon Medizin,* 2. Aufl., München 1987. Emanuel BERGHOFF, *Entwicklungsgeschichte des Krankheitsbegriffes.* Wien 1947 (= *Wiener Beiträge zur Geschichte der Medizin,* Dietrich VON ENGELHARDT: *Krankheit, Krankheitsbegriff (Neuzeit).* In: Werner E. Gerabek, Bernhard D. Haage, Gundolf Keil, Wolfgang Wegner (Hrsg.), *Enzyklopädie Medizingeschichte.* Berlin 2005. William HEBERDEN (Junior), *Commentaries on the history and cure of diseases.* London 1802. (Neudruck mit einer Einführung von Paul Klemperer. New York 1962). Johannes

Im *engeren Sinne* jedoch nennt Krankheit ein Phänomen, das an und für sich, unabhängig also von seiner Wirklichkeit, besteht. So gibt es Krankheiten, die ausgerottet wurden; sie sind nicht mehr da, doch sie können trotzdem in ihrem Wesen und in ihren historischen Vorgängen dargestellt werden – und sie können natürlich wiederkommen. Darüber hinaus können Krankheiten gedanklich vorgestellt (imaginiert) und dann experimentell (mit Zeichnungen, im Labor) konstruiert werden, die es so in der Wirklichkeit noch nie gegeben hat, dem Begriff nach aber geben könnte.

Erkrankung dagegen meint das konkrete Vorkommen einer Krankheit, das Von-ihr-Befallen-Sein bei einem bestimmten Lebewesen.

Das Verhältnis: Durch Erforschung von Erkrankungen gewinnt die medizinische Wissenschaft Klarheit im Hinblick auf die begriffliche Präzisierung von Krankheitsbildern. Umgekehrt: Die spekulative Abgrenzung des Wesens einer Krankheit ermöglicht eine erfolgreiche Behandlung.

Erläuterung: Eine Erkrankung verändert in der Regel leicht oder schwerwiegend die Lebensweise des Betroffenen. Handelt es sich um eine Krankheit, die vielleicht seit Langem verborgen wirkte,

---

KIESEL, *Was ist krank? Was ist gesund? Zum Diskurs über Prävention und Gesundheitsförderung.* Frankfurt 2012, Ingo-Wolf KITTEL, *Systematische Überlegungen zum Begriff „krank"* ... (1981; 2001).

nun aber zum Ausbruch kommt, kann diese unerwartete Offenbarung die weitere Entwicklung des Menschen erschüttern.

2. Vom Symptom zum Syndrom

Einzelne Beschwerden, die auf eine definierbare Krankheit hinweisen, werden *Symptome* genannt. Mehrere Symptome, welche sich einer Typik unterordnen lassen, werden als Syndrom (Symptomenkomplex) bezeichnet. Symptome sind mehr oder weniger gewichtig. Man spricht dann von Leitsymptomen (bzw. Kardinal- oder Kernsymptomen).

Können Symptome auf eine gemeinsame Ursache zurückgeführt werden, kann der Pathologe die infrage stehende konkrete Krankheit (den *Morbus*) zu bestimmen versuchen. Heißt die Suche nach der Ursache einer Krankheit *Ätiologie* und deren Entstehungsgeschichte *Pathogenese,* so können wir den gesamten Vorgang, der zur Gestaltung eines *Krankheitsbildes* führt, *Ätiopathogenese* nennen.

Der Vorgang ist unproblematisch, wenn hinreichende Krankheitsursachen festgestellt werden können. Das geschieht in der Regel bei bekannten, pathologisch eindeutig definierten Krankheiten. Bei nicht eindeutig nachweisbaren Ursachen sind meistens mühsame Untersuchungen notwendig.

Bei Beschwerden allerdings, welche die Medizin erstmalig als solche angeht, ist der Wissenschaftler auf den gesunden Menschenverstand und auf seinen eigenen Forscherinstinkt angewiesen. Zumal hier mehr als sonst mit einem hartnäckigen Widerstand sowohl seitens des Individuums wie seitens der Gesellschaft zu rechnen ist. Denn Ablehnung ist eine primäre Reaktion des Menschen angesichts einer bislang unbekannten Erkrankung. Die Abwehr erhöht sich, wenn die pathologische Neuheit über den Einzelnen hinaus den Menschen als solchen betrifft.

Es dauerte lang, bis bestimmte Krankheiten wie Alkoholismus, Depressionen, Nikotinsucht u.a. offiziell als solche angesehen wurden. Auch Alzheimer und Parkinson wurden nur allmählich medizinisch, menschlich und juristisch als Krankheiten anerkannt.

Die Gier wird es möglicherweise noch schwerer haben, bis sie in den Rang der gefährlichen Krankheit, die sie schon ist, erhoben wird. Zwar wissen geizige und geldgierige Menschen sehr wohl, dass Geldsucht zerstörerisch sein kann; sie erleiden deren Folgen. Doch wehrt man sich oft gegen die Evidenz aufgrund der sicher bis zu einem gewissen Punkt vertretbaren These, Geld zu vermehren könne unter Umständen lebenswichtig sein. So nimmt die Gier in Institutionen und Organisationen aller Art Zuflucht und wirkt getarnt als Grundsäule des Fortschritts.

3. Krankheit als epochales Phänomen

Bei der Störung der Funktionsfähigkeit wirken mit der physiologischen Veranlagung und den genetischen Erbfaktoren auch Umwelt und geschichtliche Epoche zusammen. Die punktuell konkrete Erkrankung ist daher stets innerhalb des Koordinatensystems von Herkunft und Umwelt zu interpretieren.

Die Umwelt wirkt je nach individueller Familiengeschichte unterschiedlich, ebenso vermag die soziale Umgebung die persönliche Veranlagung zu beeinflussen.

Weniger beachtet wird die *epochal dominierende* Krankheit, und zwar deshalb, weil die Medizin noch keinen sicheren Begriff davon hat. Gemeint sind nicht die typischen Krankheiten, welche Epochen aufweisen und die in Literatur und Kunst dargestellt werden. Diese Thematik ist bekannt und oft untersucht worden.[14]

Hier geht es um ein anderes Phänomen, nämlich um krankhafte Erscheinungen, die zwar medizinisch als solche noch nicht erfasst worden sind, aber angeblich unerklärliche Erkrankungen beim Einzelnen sowie gesellschaftliche Ungleichgewichte letztlich erklären. Wenn manchmal Ärzte

---

[14] Vgl. Frank DEGLER/Christian KOHLROß (Hg.), *Epochen/Krankheiten – Konstellationen von Literatur und Pathologie*. In: Das Wissen der Literatur, hg. von Jochen Hörisch und Thomas Klinkert. Band 1, 2006. Immer noch aktuell ist Karl JASPERS, *Der Arzt im technischen Zeitalter*. In: Klinische Wochenschrift, 36. Jahrgang, November 1958.

bei Patienten entdecken, was Kollegen übersehen haben, so ist das oft auf die Fähigkeit zurückzuführen, die epochale Krankheit medizinisch-intuitiv zu erahnen.

4. Tiefenphänomenologische Pathologie

So geht jede Krankheit auf eine bestimmte Wesenseigenschaft zurück, welche sich schließlich *außerhalb* der gesamtorganischen Dynamik *gegen sie* entwickelt. Beispiel: Ein Teilchen (Partikel), das sich verselbstständigt und eine andere Funktion als die ihm zugedachte von sich aus übernimmt, kann die organische Ordnung umkippen. (Etwa: *Blutgerinnsel* sind als *coagulum* wichtig für das Anhalten von Blutungen, können aber als *thrombus* lebensgefährlich werden: Thrombose). Erfolgreiche Gesamtdynamik geht aus der Zusammenwirkung aller Funktionen im Hinblick auf das organische Projekt hervor, das man traditionell Gesundheit nennt.

Das organische Projekt betrifft sowohl Individuen als auch Institutionen, Epochen, Kulturen. Im Zeitalter der Medien ist das epochale Geschehen dadurch gekennzeichnet, dass alles über sich hinauswächst und unproportioniert wird. Vom Menschen mithervorgebracht und mitgetragen, macht sich das Werk frei, sprengt den Rahmen und überfordert den Autor.

Im Grunde ist es eine unangemessene Reaktion, welche die Krankheit verursacht. Unangemessen durch *zu viel* oder *zu wenig* Tätigkeit ein und der-

selben Energie. Beispiel: Ein Zuviel bzw. ein Zu-
wenig an Leukozyten deutet auf unterschiedliche
Krankheiten hin. In beiden Fällen jedoch wird eine
Aggressivität verursacht, die von dem Verlust des
Gleichgewichtes kommt. Eine Kraft fällt aus der
Rolle und ruft allgemeine Desorganisation hervor.
Vom Arzt gefragt gibt der Patient bzw. die Patien-
tin zu, unter Stress zu stehen, zu rauchen, sich
falsch zu ernähren usw. Dem Sich-gehen-Lassen
liegt ein Bedürfnis zugrunde, das an sich neutral
oder gar gut, für die Gesamtheit des organischen
Lebens aber schädlich ist.

Die Entwicklung kann dann so verlaufen, dass
der Körper ohne den schädlichen Stoff nicht mehr
leben kann. Das Übermäßige hat momentan gewonnen – bis es dann das Ganze zu Fall bringt.
Nach dem Tod „lebt" der Körper durch Rückkehr
in seinen irdischen Ursprung natürlich weiter,
aber nicht mehr „fruchtbar" aus der subjektiv
menschlichen Perspektive. Doch der praktischen
Medizin geht es hauptsächlich um diese menschliche Perspektive.

Um diesem unmittelbaren Umgang mit dem
Menschen neue Handlungsmöglichkeiten zu er-
öffnen, bedarf es der Forschung. Im Hinblick darauf ist die spekulative Dimension wichtig.

Diese spekulative Dimension der medizinischen
Forschung ist das Thema der Transzendentalpa-
thologie. Dabei haben sich folgende Grundsätze
herauskristallisiert:

Die Bewegungsform einer negativen Energie, die

sich verselbstständigt und die Gesamtheit des Organismus beeinträchtigt, erscheint geradezu *pur* in der Entfaltung des Phänomens Gier.

Ferner: Die Erkrankung an Gier verwandelt den Menschen. Um die Eigenart dieser Verwandlung wissenschaftlich erfassen zu können, muss vorher die Wesensart der Natur erhellt werden.

Das besagt: Die transzendentalpathologische Untersuchung des Zeitalters bedarf der Zusammenarbeit von Philosophie und Medizin. Daraus ist diese Abhandlung hervorgegangen.

4. Kapitel
Gier als Suchtkrankheit

A. Vorbemerkung

a) Gier als Sucht – ein medizinisches Novum?

Zweifelsohne befinden wir uns hier auf neuem Land, das anhand von Intuitionen und Experimenten erkundet werden muss. Dabei kann von sicheren Einsichten ausgegangen werden.

Mit der Gier kommt die Perversion des an sich guten und notwendigen Besitzdranges und des Ehrgeizes zur Wirkung. Sie sind in der Natur des Menschen verankert, ändern sich jedoch im Laufe der Geschichte und sind auch von der familiären und sozialen Umgebung abhängig. So ist es aufgrund von bereits vorliegenden Untersuchungen möglich, eine genetische Linie zu verfolgen, die aufzeigt, wie sich ein natürlicher Drang des Menschen in Bezug auf Natur und Gesellschaft allmählich gegen beide und schließlich gegen das Subjekt selbst wendet.

Viele Krankheiten haben eine psychosomatische Seite. Bei der Gier allerdings scheint vornehmlich der Zugang über den Geist geboten. Ihre Wurzel ist ja metaphysischer Natur. Es ist der Drang des Menschen nach Transzendenz und Fülle, der sich verirrt und in einer verkehrten Richtung sein Ziel anstrebt.

Diese Verkehrung durchzieht eine neurophysiologische Entwicklung und lässt sich schließlich im Gehirn nieder.

Weil es sich ursprünglich um ein geistiges Phänomen handelt, spielt sich die Inkubationszeit im Bewusstsein ab. Gier ist zunächst Bewusstseinsstörung mit einer ausgeprägten Trübung der Wahrnehmung, die sich auf einen bedeutenden Realitätsverlust hin entwickelt. Doch der gierige Mensch verliert nicht nur die objektive Wirklichkeit, sondern auch sich selbst aus dem Auge, das ein einziges Ziel anstarrt: Haben, Besitzen.

b) Eigenart der Suchtkrankheit

Zur Entstehung der Sucht hat jede Fachrichtung ihre eigene Sicht. Eine ziemlich verbreitete Interpretation meint, eine Suchterkrankung basiere auf einer Fehlsteuerung des Belohnungssystems im Gehirn. Suchtmittel aktivieren verschiedene Botenstoffe, die Wohlbefinden oder Euphorie auslösen. Dadurch lerne das Gehirn, ein bestimmtes Suchtmittel als positiven Reiz wahrzunehmen. Fehle dieser Reiz, empfinde es eine Art Belohnungsdefizit – mit der Folge, dass der unkontrollierte Wunsch nach dem Suchtmittel entstehe. Sucht sei also keine Charakterschwäche, sondern eine Krankheit, die im Gehirn nachgewiesen werden könne.[15]

Diese Theorie scheint plausibel bei klassischen Suchterkrankungen. Substanzen wie Alkohol, Tabak, Coffein, gewisse Beruhigungs- und Schlafmittel wie Benzodiazepine oder Barbiturate, einige Lösungsmittel und illegale Drogen wie Cannabis, Ecstasy, LSD, Kokain und Heroin (Opioide) besitzen ein Suchtpotenzial. Relativ schnell kann man von ihnen abhängig werden. Ihr Konsum erzielt kurzfristig eine positive Wirkung. Die schwierige Situation wird dadurch überwunden. Doch bald lässt die Wirkung nach. Die Ernüchterung wird unerträglich. Allmählich wird das Bedürfnis nach einem erneuten Rausch unwiderstehlich. Der

---

[15] Vgl. Werner STANGL, Arbeitsblätter. http://arbeitsblätter. stangl-taller.at/ SUCHT/ Aetiologie.shtm

71

Süchtige kann sich nicht mehr kontrollieren. Der Körper braucht den Stoff. Die psychologische Abhängigkeit geht in die physiologische über.

B. Tiefenphänomenologische Pathogenese der Gier: Vom Drang zur Sucht

1. Bewusstseinsebene

Als Ausgangspunkt für die Bewusstseinsentwicklung sollen mythologische Erzählungen genommen werden, die anhand von historischen oder literarisch konstruierten Gestalten die Wesenseigenart der Gier beschreiben.

In unserer Zeit herrscht faktisch der Mammon als höchster Wert. Es war aber nicht immer so. Erst nach jahrhundertelangen Kämpfen ist der Geist dem Geld unterlegen. Es tritt jetzt ein, was so viele Mythen und Märchen ahnungsvoll vortrugen.

Der Mythos (die Sage) erzählt über menschliche Urerfahrungen, die von Generation zu Generation tradiert werden. Im Vergehen der Zeit ändern sich die Menschen. Doch die Urerfahrungen bleiben als Grund für die weitere Geschichte. Bei den Märchen wird der Blick unmittelbarer.

Mythen und Märchen weisen auf zwei Grunddimensionen hin: die des Geistes und die des Geldes. Zwar gehen sie von der Überlegenheit des Geistigen aus, schreiben aber dem Besitz auch eine große Anziehungskraft zu.

Erstaunlich ist die geradezu prophetische Klarsicht uralter Sagen. Besitz und Macht haben doch gesiegt.

Folgende exemplarisch angeführte Mythen und Märchen zeigen, wie weit sie das Ausmaß der Verirrung vorausahnten:

1a) Mythen

König Midas

In einer Version dieser Erzählung der griechischen Mythologie wird Gier – ironisch und anekdotisch – mit Dummheit in Verbindung gesetzt:[16]

König Midas hatte einst Silenos, einen trunkenen Begleiter des jugendlichen Gottes Dionysos, vor dem Gespött der phrygischen Bauern bewahrt. „Ich gewähre dir einen Wunsch!" sprach der Olympische, der als Gott der Reben auch Bakchos heißt, „denn ich will dir meinen Dank erweisen."

König Midas überlegte nicht lange. „Erhabener Gott", erwiderte er, „wenn ich wählen darf, so lass alles, was ich berühre, zu Gold werden."

Nur ungern erfüllte Dionysos den Wunsch des habgierigen Königs. Midas aber eilte freudig davon und versuchte das Göttergeschenk, indem er einige Dinge berührte. Der Zweig, den er vom Baume brach, verwandelte sich in schimmerndes Gold; der Stein, den er aufhob, wurde zum Goldklum-

---

[16] Text aus Projekt Guttenberg.de – Sagen aus Griechenland: Midas.

pen, die Ähren wie das Obst, das er pflückte, erglänzten golden in seinen Händen. Der Türpfosten, selbst das Wasser, das seine Hände berührten, verwandelten sich in Gold!

Überglücklich setzte sich der König zum Mahle, griff nach Brot und Braten – und hielt funkelndes Gold in der Hand. Erschrocken führte er den Becher zum Munde: des Bakchos herrlicher Rebensaft hatte sich zu Gold verhärtet.

Da erst erkannte der König, wohin ihn seine Verblendung geführt hatte. Nicht Hunger noch Durst konnte er stillen, und der Tod war ihm gewiss. Flehend hob er die Hände und bat Dionysos, das todbringende Geschenk zurückzunehmen.

Mitleidig blickte der Gott auf den reuigen Toren, der sich von seiner Gier nach Reichtum hatte verleiten lassen. „Geh an den Fluss Paktolos hinauf bis zu der Stelle, wo er aus dem Felsen springt. Dort an der Quelle tauche dein Haupt in die kühle Flut und spüle mit dem Golde zugleich deine Schuld ab!"

Dankbar folgte Midas der Weisung und befreite sich von der verhängnisvollen Zauberkraft. Diese ging auf das Wasser des Flusses über, sodass er seither Gold mit sich führt.

Für alle Zeiten schien König Midas von seiner Habgier geheilt. Er mied den Königspalast und hielt sich gern in der Einsamkeit des Berges Tmolos auf, wo er in den Felsgrotten des Hirtengottes Pan zu Gast war.

Im Herzen aber blieb Midas trotz der deutlichen Lehre töricht wie zuvor. Der bockfüßige Pan, der den Nymphen seine Lieder vorzuspielen liebte, hielt sich für einen vollendeten Meister auf der Rohrpfeife, sodass er in seinem Fürwitz wagte, den göttlichen Apollon herauszufordern. Richter in dem Wettstreit sollte der greise Berggott Tmolos sein. Rings im Kreise saßen liebliche Nymphen und sterbliche Männer und Frauen, um dem Flötenspiel zu lauschen, auch König Midas.

Pan begann auf seiner Hirtenflöte, der Syrinx, barbarische Weisen zu spielen, doch Midas hörte ihn mit Entzücken. Dann schlug Apollon die Saiten seiner Leier aus Elfenbein, dass alle Hörer tief ergriffen waren. Für Tmolos gab es keinen Zweifel, er sprach Apollon den Siegespreis zu.

Nur Midas, obwohl nicht um sein Urteil gefragt, wagte als einziger, mit törichten Worten die Entscheidung des greisen Berggottes zu tadeln, und behauptete, dem Pan gebühre der Preis.

Da trat Apollon unsichtbar vor ihn hin. Er fasste ihn leicht an beiden Ohren, zog sie spitz in die Höhe und umhüllte sie mit grauem Fell. König Midas war fortan mit Eselsohren geziert.

Wie sollte er diese Schande vor der Mitwelt verheimlichen? Seitdem trug er einen mächtigen Turban um sein Haupt geschlungen. Nur seinem Haarschneider musste er sich offenbaren; doch ließ er ihn schwören, zu keinem Menschen von der Verunstaltung zu sprechen.

Für den jungen Menschen aber war das Ge-

heimnis so belastend, dass er nicht die Kraft hatte, es bei sich zu behalten. Da er nicht wagte, es
einem Menschen zu verraten, ging er ans Fluss-
ufer und schaufelte ein Loch; hier flüsterte er die
erregende Neuigkeit hinein und warf die Grube zu.
Nun endlich hatte er sein Herz erleichtert.

Doch bald danach wuchs Schilfrohr an jener
Stelle, und wenn der Wind in den Halmen rausch-
te, dann vernahm man deutlich ihr Flüstern: „König Midas hat Eselsohren."

So wurde das Geheimnis des törichten Königs
Midas verraten.

Interpretation

Erste Aussage: Midas will alles haben. Die Gier
macht ihn blind. Er kann die Folgen seiner Grenzenlosigkeit nicht sehen. Das besagt: Gier denkt
nicht nach, sie drängt rücksichtslos nach vorne
und hat dabei nur sich im Blick. Doch Midas
kann sich von der Verdammung nicht durch eine
Willensentscheidung befreien, sondern durch ein
Bad, d.h. er braucht Hilfe von oben. Wasser ist
Symbol für Neugeburt. Der Drang nach Besitz ist
in der Natur des Menschen derart verankert, dass
er sich nur durch Tod und Wiedergeburt korrigieren lässt.

Zweite Aussage: Durch das Wasser wurde Midas
zwar von der Gier befreit, aber nicht von der fata-
len Neigung zu glauben, er wisse es besser als die
Götter. Ist aber nicht dieses Besser-wissen-Wollen
die Urgier, welche die anderen Formen von Gier

erzeugt? Offensichtlich muss der Mensch mehrere Male sterben, um für das richtige Leben starten zu können.

Die Büchse der Pandora[17]

Um Rache für den Diebstahl des Feuers durch Prometheus zu nehmen, wird Pandora von Hephaistos auf Geheiß des Göttervaters Zeus aus Lehm geschaffen. Sie erhält zu diesem Zweck eine Büchse. Darin sind alle Übel der Welt sowie die Hoffnung enthalten. Um sie verführerisch zu gestalten, wird Pandora von den Göttern mit vielen Gaben wie Schönheit, musikalischem Talent, Geschicklichkeit, Neugier und Übermut ausgestattet. Zudem schenkt ihr Aphrodite holdseligen Liebreiz, Athene schmückt sie mit Blumen, Hermes verleiht ihr eine bezaubernde Sprache. Dieser nennt sie schließlich Pandora, die „Allbeschenkte" (Hesiod).

Nun bringt Hermes Pandora zu Epimetheus, dem Bruder des Prometheus. Prometheus, als der „vorher Bedenkende", warnt ihn, Geschenke des Zeus' anzunehmen. Doch Epimetheus, als der

---

[17] Erzählungstext vom Autor gestaltet. Quellen: HESIOD, Werke und Tage, übers. u. hg. von Otto Schönberger, Stuttgart 2004. Vgl. Wilhelm BLÜMER, *Interpretation archaischer Dichtung. Die mythologischen Partien der Erga Hesiods.* 2 Bände. Münster 2001. K. GOLLA, Hesiods „Erga". Aspekte ihrer geistigen Physiognomie. (= Beiträge zur Altertumskunde, 351). Berlin, New York 2016. Robert VON RANKE-GRAVES, *Griechische Mythologie.* Hamburg 1984, 128. Herder Lexikon, Griechische und römische Mythologie. Freiburg 1981.

„nachher Bedenkende", heiratet trotzdem Pandora. Sie öffnet die Büchse, die ihr Zeus gab, und die darin aufbewahrten Plagen kommen in die Welt. Bevor auch die Hoffnung (griechisch ἐλπίς= elpis) aus der Büchse entweichen kann, wird sie wieder geschlossen. So wird die Welt ein trostloser Ort. Die Hoffnung ist noch da. Doch das Goldene Zeitalter, in dem die Menschheit von Arbeit, Krankheit und Tod verschont blieb, ist endgültig vorbei.

Interpretation

Hesiod beendet die Erzählung mit dem Satz, man könne dem Willen des Zeus nicht entgehen – und stiftet dadurch den Grund für eine schicksalhafte Deutung. Midas machte die schreckliche Erfahrung der Gier, vermochte sich aber nicht im Wesen zu verändern. Pandora zeigt in einer anderen Wendung, dass der Lebensweg des Menschen blindlings auf sein Unglück zusteuert.

In „Menschliches, Allzumenschliches" versteht *Nietzsche* die Hoffnung als das übelste aller Übel, weil „der Mensch, auch noch so sehr durch die anderen Übel gequält, doch das Leben nicht wegwerfe, sondern fortfahre, sich immer von Neuem quälen zu lassen" und so letztlich die Qual verlängere.

Nun war Nietzsche bekanntlich krank. Seine Krankheit bestand in einer besonderen Form der Übermäßigkeit. Hungrig nach Liebe und Sexualität musste er ohne beides leben. Von den Frauen als Philosoph bewundert, als Mann jedoch nicht gemocht; seiner selbst als Denker bewusst, aber von Familie und Umwelt nicht anerkannt, vermochte er sein Leben kaum zu bewältigen. Durch den Griff zum Opium versuchte er über seine Enttäuschungen und seine Migränen hinwegzukommen. Dennoch verkündete er den *Übermenschen*. Nietzsches Übermensch stellt den Traum eines Wesens dar, dem das, was es hat, grundsätzlich zu wenig ist.

Die Gier macht den Menschen blind und aggressiv. Durch sie zerstört er alles, schließlich sich selbst.

Das Gilgamesch-Epos

Es ist zwischen 2100–1600 v.Chr. im Raum Babylonien bis Kleinasien entstanden und in mehreren altorientalischen Sprachen auf Tontafeln in Keilschrift überliefert. Es stellt einen der ältesten Texte über die Ur-Gier des Menschen dar: Den Drang wie Gott sein zu wollen. Der historische *Gilgamesch* (2750–2600 v.Chr.) regierte gegen Ende der 2. Frühdynastie (ca. 2700–2500 v.Chr.) über die Stadt Uruk.

Gilgamesch ist zu zwei Dritteln Gott und zu einem Drittel Mensch. Als König herrscht er despotisch über den sumerischen Stadtstaat Uruk. Deshalb entschließt sich die Schöpfergöttin Arurut, den Steppenmenschen Enkidu zu erschaffen, der Gilgamesch besiegen kann. Vor dem Tempel kommt es zum Kampf, der unentschieden endet. Die Gegner werden Freunde und bestehen gemeinsame Abenteuer. Gilgamesch und Enkidu treten gegen ein Ungeheuer namens Huwawa an und werden bei ihrer Rückkehr nach Uruk als die größten Helden gefeiert. Ischtar, die Liebesgöttin, erklärt Gilgamesch daraufhin ihre Liebe, er aber weist die Göttin ab, weil er weiß, wie es Dumuzi, einem früheren Liebhaber Ischtars, ergangen war. Erbittert schickt sie den Himmelsstier nach Uruk, der nun die Erde verwüstet. Doch die beiden Helden erschlagen auch dieses Untier. Aus Rache wird Enkidu auf Geheiß der Götter von einer Krankheit befallen und muss qualvoll sterben.

Gilgamesch weiß, dass ihn dasselbe Los erwartet und macht sich auf die Suche nach der Unsterblichkeit. Auf abenteuerlichem Weg gelangt er zu einem Fährmann, der ihn über das Wasser des Todes zu Utnapischtim – einem Vorfahren Gilgameschs – übersetzt; jener rät Gilgamesch, sechs Tage und sieben Nächte nicht zu schlafen, dann würde er Unsterblichkeit erlangen. Gilgamesch hält dies jedoch nicht durch.

So erzählt ihm Utnapischtim von der Pflanze, die aus alt jung macht. Daraufhin taucht Gilgamesch in die Tiefen des Meeres und findet sie. Um die Menschen jung zu machen, will er sie in seine Heimat bringen, doch eine Schlange raubt sie. Gilgamesch kehrt daraufhin verzweifelt nach Uruk zurück. Er hat nun Gewissheit über das Todesschicksal der Menschen gewonnen.

Die Sehnsucht nach Unsterblichkeit ist nichtig. Da Gilgamesch zwar zu zwei Dritteln Gott ist, zu einem Drittel aber Mensch, muss er nun um dieses einen Drittels willen selbst sterben. Auf der letzten der insgesamt zwölf Tafeln wird berichtet, wie Enkidu – der ja bereits gestorben ist – in die Unterwelt steigt und dort festgehalten wird. Gilgamesch bittet die Götter, ihm bei der Befreiung des Freundes zu helfen, und Enki, der Herr der Erde, erbarmt sich seiner und lässt Enkidu durch ein Loch aus der Erde entweichen. Wir begegnen im Gilgamesch-Epos einem neuen Typus des Helden. Der Halbgott verliert in jenem Moment seine Unsterblichkeit, als er die menschliche Freundschaft entdeckt. Es gibt keinen Unterschied mehr zwischen Mensch und Halbgott. Damit nähert sich der Mensch einerseits den Göttern an, andererseits stellt er sie auf eine Stufe mit seiner Art.

Interpretation

Das Gilgamesch-Epos geht offensichtlich davon aus, dass Ordnung auf Erden ursprünglich waltete. Doch die Neigung des Menschen, mehr zu wollen als es sein Dasein erlaubt, wird als zur Natur des Menschen gehörig betrachtet. Im Menschen ist gleichsam keimhaft angelegt, die göttliche Ebene anzustreben. Das kommt zum Ausdruck im beanspruchten dreifachen Recht, den Sinn des Lebens zu verstehen, seine Geschicke in die eigene Hand zu nehmen, der Unsterblichkeit gewiss zu sein. Die menschliche Geschichte wird aber erst dann beginnen, wenn der Mensch seine Wesensart akzeptiert. Der Mensch hat Mensch zu sein – nicht Gott zu werden.

Der Garten Eden

Auch der biblische Mythos des Garten Edens legt auf eigene Weise die Wurzel der Gier offen. Der Drang des Menschen nach Besitz und Herrschaft erwächst einem Missverständnis des Menschen über sich selbst: Gott sein zu wollen. Was ist aber Gott? Derjenige, der alles weiß. Absolutes Wissen bedeutet absolute Macht.[18]

> Und Gott der HERR pflanzte einen Garten in Eden gegen Morgen und setzte den Menschen hinein, den er gemacht hatte. Und Gott der HERR ließ aufwachsen aus der Erde allerlei Bäume, lustig anzusehen und gut zu essen, und den Baum des Lebens mitten im Garten und den Baum der Erkenntnis des Guten und Bosen. Und es ging aus von Eden ein Strom, zu wässern den Garten, und er teilte sich von da in vier Hauptwasser. Das erste heißt Pison, das fließt um das ganze Land Hevila; und daselbst findet man Gold. Und das Gold des Landes ist köstlich; und da findet man Bedellion und den Edelstein Onyx. Das andere Wasser heißt Gihon, das fließt um das ganze Mohrenland. Das dritte Wasser heißt Hiddekel Tigris, das fließt vor Assyrien. Das vierte Wasser ist der Euphrat. Und Gott der HERR nahm den Menschen und setzte ihn in den Garten Eden, dass er

---

[18] Erzählung nach den biblischen Quellen 1. Mo 2,8-15; 1. Mo 3,23.24; 5. Mo 32,8: Vgl Jes 51,3; Hes 36,35; Joel 2,3.

ihn baute und bewahrte. Und Gott der HERR gebot dem Menschen und sprach: Du sollst essen von allerlei Bäumen im Garten; aber von dem Baum der Erkenntnis des Guten und des Bösen sollst du nicht essen; denn das Tages du davon isst, wirst du des Todes sterben. Und die Schlange war listiger denn alle Tiere auf dem Felde, die Gott der HERR gemacht hatte, und sprach zu dem Weibe: Ja, sollte Gott gesagt haben: Ihr sollt nicht essen von den Früchten der Bäume im Garten? Da sprach das Weib zu der Schlange: Wir essen von den Früchten der Bäume im Garten; aber von den Früchten des Baumes mitten im Garten hat Gott gesagt: Esst nicht davon, rührt's auch nicht an, dass ihr nicht sterbt. Da sprach die Schlange zum Weibe: Ihr werdet mitnichten des Todes sterben; sondern Gott weiß, dass, das Tages ihr davon esst, so werden eure Augen aufgetan, und werdet sein wie Gott und wissen, was gut und böse ist. Und das Weib schaute an, dass von dem Baum gut zu essen wäre und dass er lieblich anzusehen und ein lustiger Baum wäre, weil er klug machte; und sie nahm von der Frucht und aß und gab ihrem Mann auch davon, und er aß. Da wurden ihrer beiden Augen aufgetan, und sie wurden gewahr, dass sie nackt waren, und flochten Feigenblätter zusammen und machten sich Schürzen. Und sie hörten die Stimme Gottes des HERRN, der im Garten ging, da der Tag kühl geworden war. Und Adam versteckte sich mit seinem Weibe vor dem Angesicht Gottes des HERRN unter die Bäume im Garten. Und Gott der HERR rief Adam und sprach zu ihm: Wo bist du? Und er sprach: Ich hörte deine Stimme im Garten und fürchtete mich; denn ich bin nackt, darum versteckte ich mich. Und er sprach: Wer hat dir's gesagt, dass du nackt bist? Hast du nicht gegessen von dem Baum, davon ich dir gebot, du solltest nicht davon essen? Da sprach Adam: Das Weib, das du mir zugesellt hast, gab mir von dem Baum, und ich aß. Da sprach Gott der HERR zum Weibe: Warum hast du das getan? Das Weib sprach: Die Schlange betrog mich also, dass ich aß.

Da sprach Gott der HERR zu der Schlange: Weil du solches getan hast, seist du verflucht vor allem Vieh und vor allen Tieren auf dem Felde. Auf deinem Bauche sollst du gehen und Erde essen dein Leben lang. Und ich will Feindschaft setzen zwischen dir und dem Weibe und zwischen deinem Samen und ihrem Samen. Derselbe soll dir den Kopf zertreten, und du wirst ihn in die Ferse stechen. Und zum Weibe sprach er: Ich will dir viel Schmerzen schaffen, wenn du schwanger wirst; du sollst mit Schmerzen Kinder gebären; und dein Verlangen soll nach deinem Manne sein, und er soll dein Herr sein. Und zu Adam sprach er: Dieweil du hast gehorcht der Stimme deines Weibes und hast gegessen von dem Baum, davon ich dir gebot und sprach: Du sollst nicht davon essen, verflucht sei der Acker um deinetwillen, mit Kummer sollst du dich darauf nähren dein Leben lang. Dornen und Disteln soll er dir tragen, und sollst das Kraut auf dem Felde essen. Im Schweiße deines Angesichts sollst du dein Brot essen, bis dass du wieder zu Erde werdest, davon du genommen bist. Denn du bist Erde und sollst zu Erde werden. (1 Mose 2–3).

Interpretation

Im Garten Eden waltete ursprünglich Gleichgewicht, Maß, Friede. Das Glück war möglich, weil dem Menschen nichts fehlte. Nur eine Bedingung wurde gestellt: sich der eigenen Grenze bewusst zu werden und demnach zu handeln. Nun lässt sich aber die Frau von der listigen Schlange täuschen. Als Köder benutzte diese die Aussicht auf absolutes Wissen.

Doch in dem Augenblick, da sie in den Apfel beißt, bricht die ursprüngliche Ordnung zusammen.

Grundaussage: Das Leben ist ein Geschenk, eine Gabe mit eigener Dynamik. Dazu gehört, innerhalb der eigenen Grenzen zu verbleiben. Das Dasein des Menschen ist zerbrechlich. Es will gepflegt werden. Zur Pflege gehört, besonders empfindliche Seiten zu verhüllen.

Ferner wird das *Grundgesetz* herausgestellt, das allen anderen Gesetzen des Zusammenseins zugrunde liegt: Sollen alle Menschen bestehen, darf niemand den absoluten Mittelpunkt für sich beanspruchen. Gerade dieses Grundgesetz wurde von Anfang an missachtet und stellt die Ursache des Unglücks auf Erden symbolisch dar.

Unsere These lautet aber: Die wahre Ursache des Übels ist die Natur des Menschen selbst.

Fazit:

Der Mythos stellt den Irrtum des Menschen an den Anfang seiner Geschichte. Deren faktische Entwicklung hat das mythologische Gleichnis bestätigt: Gier stiftet Unordnung, zielt auf Vernichtung. In unserer Zeit sind Philosophie und Wissenschaft dabei, die prophetische Weisheit des Mythos wiederzuentdecken.[19]

1b) Märchen[20]

Der Arme und der Reiche

Vor alten Zeiten, als der liebe Gott noch selber auf Erden unter den Menschen wandelte, trug es sich zu, dass er eines Abends müde war und ihn die Nacht überfiel. Nun standen auf dem Wege vor ihm zwei Häuser einander gegenüber, das eine groß und schön, das andere klein und ärmlich anzusehen, und das große gehörte einem Reichen, das kleine einem armen Manne.

---

[19] „Aus den ältesten Geschichten der Menschheit wissen wir, dass Gier stets diesen Januskopf besitzt: Sie ist Motor des Fortschritts, aber auch Ursache unseres Absturzes. Ständig unzufrieden zu sein, mehr zu begehren, scheint ein *angeborenes* Naturphänomen zu sein und das Herz unserer Zivilisation zu bilden. Die Ursünde des ersten Menschenpaares im Garten Eden war die Folge von Gier", so Tomáš SEDLÁČEK im Gespräch mit dem SPIEGEL (12/2012), über sein Buch *Ökonomie von Gut und Böse*. Unsere These lautet aber: Gier ist nicht nur *dem* Menschen „angeboren", sie ist dem voraus sein Wesenskern, der die menschheitsgeschichtliche Dynamik steuert. Genauer: Gier nennt nicht etwas am Menschen, sondern den Menschen selbst, die Urdynamik seines Wesens.
[20] Folgende Märchen aus: Jacob GRIMM, Wilhelm GRIMM, *Kinder- und Haus-Märchen*. Gesammelt von den Brüdern Grimm. Realschulbuchhandlung, Berlin 1812/1815, Bd. 1., Bd. 2, jeweils Digitalisat und Volltext im Deutschen Textarchiv; Heinz Rölleke (Hg.), Brüder Grimm, *Kinder- und Hausmärchen*. 3 Bände. Stuttgart 1980 u.ö.

Da dachte unser Herrgott: „Dem Reichen werde ich nicht beschwerlich fallen, bei ihm will ich übernachten." Der Reiche, als er an seine Tür klopfen hörte, machte das Fenster auf und fragte den Fremdling, was er suche. Der Herr antwortete: „Ich bitte um ein Nachtlager." Der Reiche guckte den Wandersmann vom Haupt bis zu den Füßen an, und weil der liebe Gott schlichte Kleider trug und nicht aussah wie einer, der viel Geld in der Tasche hat, schüttelte er den Kopfe und sprach: „Ich kann Euch nicht aufnehmen, meine Kammern liegen voll Kräuter und Samen, und sollte ich einen jeden beherbergen, der an meine Tür klopft, so könnte ich selber den Bettelstab in die Hand nehmen. Sucht Euch anderswo ein Unterkommen." Schlug damit sein Fenster zu und ließ den lieben Gott stehen. Also kehrte ihm der liebe Gott den Rücken und ging hinüber zu dem kleinen Hause. Kaum hatte er angeklopft, so klinkte der Arme schon sein Türchen auf und bat den Wandersmann einzutreten. „Bleibt die Nacht über bei mir", sagte er, „es ist schon finster, und heute könnt Ihr doch nicht weiterkommen." Das gefiel dem lieben Gott, und er trat zu ihm ein. Die Frau des Armen reichte ihm die Hand, hieß ihn willkommen und sagte, er möchte sich's bequem machen und vorliebnehmen; sie hätten nicht viel, aber was es wäre, gäben sie von Herzen gern. Dann setzte sie Kartoffeln ans Feuer, und derweil sie kochten, melkte sie ihre Ziege, damit sie ein wenig Milch dazu hätten. Und als der Tisch gedeckt war, setzte sich der liebe Gott nieder und aß mit ihnen, und die schlichte Kost schmeckte ihm gut, denn es waren vergnügte Gesichter dabei. Nachdem sie gegessen hatten und Schlafenszeit war, rief die Frau heimlich ihren Mann und sprach: „Hör, lieber Mann, wir wollen uns heute Nacht eine Streu machen, damit sich der arme Wanderer in unser Bett legen und ausruhen kann; er ist den ganzen Tag über gegangen, da wird einer müde."

„Von Herzen gern", antwortete er, „ich will's ihm anbieten", ging zu dem lieben Gott und bat ihn, wenn's ihm recht wäre, möchte er sich in ihr Bett legen und seine Glieder ordentlich ausruhen. Der liebe Gott wollte den beiden Alten ihr Lager nicht nehmen, aber sie ließen nicht ab, bis er es endlich tat und sich in ihr Bett legte; sich selbst aber machten sie eine Streu auf die Erde. Am andern Morgen standen sie vor Tag schon auf und kochten dem Gast ein Frühstück, so gut sie es hatten. Als nun die Sonne durchs Fensterlein schien und der liebe Gott aufgestanden war, aß er wieder mit ihnen und wollte dann seines Weges ziehen. Als er in der Tür stand, kehrte er sich um und sprach: „Weil ihr so mitleidig und fromm seid, so wünscht euch dreierlei, das will ich euch erfüllen." Da sagte der Arme: „Was soll ich mir sonst wünschen als die ewige Seligkeit und dass wir zwei, solange wir leben, gesund dabei bleiben und unser notdürftiges tägliches Brot haben; fürs dritte weiß ich mir nichts zu wünschen." Der liebe Gott sprach: „Willst du dir nicht ein neues Haus für das alte wünschen?" – „O ja", sagte der Mann, „wenn ich das auch noch erhalten kann, so wär mir's wohl lieb." Da erfüllte der Herr ihre Wünsche, gab ihnen nochmals seinen Segen und zog weiter."

Als es heller Tag ist, sieht der Reiche von gegenüber das Wunder. Der Arme erzählt ihm, dass dies der Wanderer gemacht hat, den er in der letzten Nacht beherbergt hat. Nun ärgert sich der Reiche, und mit ihm seine Frau. Die Frau meint, der Wanderer könne noch nicht weit gekommen sein, der Mann solle also mit dem Pferd hinterher reiten. Tatsächlich holt ihn der Reiche bald ein und beschwatzt ihn mit freundlichen, falschen Worten: Gern hätte er ihn letzte Nacht aufgenommen, nur hätte er leider seinen Schlüssel verlegt. Sollte der Wanderer wieder einmal in der Gegend sein, solle er doch bitte bei ihm anklopfen. Der liebe Gott sagt ja, das wolle er gern tun. Ob er sich auch etwas wünschen dürfe, fragt der Reiche. „Dürfen schon", meint Gott, aber er solle es lieber lassen, denn es würde ihm nicht gut tun. Doch der Reiche verspricht, er würde sich schon etwas Gutes aussuchen. Gott sagt, er solle ruhig heimreiten, seine Wünsche würden erfüllt.

Aufgeregt überlegt der Reiche auf dem Heimweg, was er sich wünschen soll. Dabei ärgert er sich über sein Pferd, das ihn durch seine vermeintliche Ungeschicklichkeit immer wieder beim Nachdenken stört. Wütend zischt er: „Ich wünschte, dass du dir den Hals brächst". Damit hat er seinen ersten Wunsch und dazu sein Pferd verloren. Da er geizig ist, lässt er den Sattel nicht bei dem toten Pferd liegen, sondern schleppt ihn fluchend nach Haus. Dabei kommt ihm seine Frau in den Sinn, die es daheim gemütlich hat, während er sich derart plagen muss. Er murmelt vor sich hin: „Ich wollt, sie säße in der Stube in dem Sattel und käme nicht herunter". Auch dieser Wunsch wird umgehend erfüllt, zum Entsetzen der Frau. Zu Hause angekommen bleibt ihm nichts anderes übrig, als mit seinem letzten Wunsch die Frau wieder vom Sattel zu holen. Außer einem toten Pferd haben die Wünsche dem Reichen also nichts gebracht. Die beiden Armen aber leben still und zufrieden bis an ihr seliges Ende.

Vom Fischer und seiner Frau

Es war einmal ein Fischer und seine Frau, die wohnten in einem kleinen Schweinestall am Meer. Der Fischer ging alle Tage hin und angelte und angelte.

Eines Tages fing er einen großen Butt. Der begann zu sprechen:

„Fischer, lass mich leben, ich bitte dich sehr. Ich bin gar kein Butt, ich bin ein verwünschter Prinz. Was hast du davon, wenn du mich tötest?"

„Lass es gut sein", sagte der Fischer, „einen Butt, der sprechen kann, lass ich allemal wieder frei."

Als der Fischer heimkam, fragte ihn seine Frau, ob er nichts gefangen hätte.

„Ich fing einen Butt", antwortete der Fischer, „aber der sagte, er wäre ein verwünschter Prinz. Da habe ich ihn wieder schwimmen lassen."

„Hast du dir denn nichts gewünscht?", fragte die Frau. „Du hättest uns wenigstens ein steinernes Haus wünschen können. Geh schnell wieder hin und ruf ihn!"

Der Mann wollte nicht recht, ging dann aber doch hin und rief:

Manntje, Manntje, Timpe Te
Buttje, Buttje in der See,
myne Fru die Ilsebill
will nich so, as ik wol will.

Da kam der Butt geschwommen und sprach: „Was will sie denn?"

„Ach", sagte der Fischer, „ich habe dich doch gefangen, und nun sagt meine Frau, ich hätte mir was wünschen sollen. Sie möchte so gerne ein Haus haben."

„Geh nur", sagte der Butt, „sie hat es schon." Die Frau war zufrieden für vierzehn Tage.

Dann war ihr das Haus zu eng und der Garten nicht groß genug. Sie sagte:

„Dein Butt hätte uns wohl ein größeres Haus schenken können. Geh zu deinem Butt. Er soll uns ein Schloss schenken."

„Ach Frau", sprach der Mann, „das Haus ist doch gut genug. Warum sollen wir in einem

Schloss wohnen?" Die Frau aber drängte in ihn, und so ging der Mann zum Butt. Auch dieser Wunsch wurde erfüllt.

Jedoch die Frau war nicht zufrieden. Es ging weiter. Sie wollte König werden, dann Kaiser und schließlich auch Papst. Schweren Herzens ging der Mann immer wieder zum Butt. Der erfüllte jeden Wunsch. Die Frau aber war immer noch nicht zufrieden. Sie überlegte und dachte, was sie wohl noch werden könnte.

Eines Morgens, als sie die Sonne aufgehen sah, wusste sie es. Sie wollte wie Gott sein und die Sonne aufgehen lassen können. Und wieder musste der Mann den Butt herbeirufen.

„Was will sie denn noch?" fragte der Butt. „Sie will wie Gott sein."

Der Butt erwiderte: „Geh nur, sie sitzt wieder im alten Schweinestall."

Geldgier in reichen Ländern: Der European Kings Club (EKC)

Es klang wie ein Märchen: Garantiert 70 Prozent Rendite dank geschickter Investitionsstrategie. Mit wenig Geld Millionär werden, versprachen die Initianten. Es war die Habgier des Kleinanlegers. Der Kings Club gewann rasch europaweit Mitglieder. Besonders erfolgreich war er in der Innerschweiz: Jeder Zehnte investierte Geld in das angeblich todsichere System.

Hinter dem Kings Club standen die deutsche Hausfrau Damara Bertges und der deutsche Arzt Hans Günther Spachtholz. Rhetorisch begabt faszinierte Damara Bertges ihr Publikum mit einer Mischung aus Kapitalismuskritik und einer angeblich neuen Art, Gelder zu investieren. Die Kleinanleger fragten nicht, wo die beiden investierten – sie glaubten bedingungslos.

Selbst als die Justiz das Geldeinsammeln untersagte, machte der Kings Club weiter. Aufgepeitscht durch Damara Bertges übten viele Innerschweizerinnen und Innerschweizer die Rebellion: Proteste vor dem Gefängnis, Treuebekenntnisse gegenüber den Organisatoren, Drohungen gegen Untersuchungsrichter – ungewohnte Töne in dieser Region.

Der Katzenjammer kam Jahre später: Es stellte sich heraus, dass Damara Bertges und Hans Günther Spachtholz nichts vom Geldanlegen verstanden. Beide wurden wegen Betrugs verurteilt. Heute, fünfzehn Jahre später, erzählen sie erstmals, was damals passierte. Sie erläutern in einem exklusiven DOK-Interview, weshalb der Kings Club scheiterte. Und Damara Bertges sagt, was sie nach der jahrelangen Haft erlebte. Ein Ausflug in die Welt der Habgier mit überraschenden Folgen.

Rückschau

Der European Kings Club (EKC) war ein 1991 lan-
ciertes betrügerisches Ponzi[21]-Schema, mit sek-
tenartigen Zügen, das im Herbst 1994 zusam-
menbrach. 80 000 Anleger, davon 20 000 aus der
Schweiz und ebenso viele aus Österreich, verloren
insgesamt 1,6 Milliarden Franken. Die Leiterin der
Organisation war Damara Bertges, zusammen mit
dem ehemaligen Arzt Hans Günther Spachtholz.
Die Zentrale des European Kings Club befand sich
in der hessischen Kleinstadt Gelnhausen.

Jeder Teilnehmer konnte sogenannte „Letters"
kaufen zu einem Stückpreis von über 1400 Franken, mit einer versprochenen Ausschüttung von
12 Monatsraten zu 200 Franken. In den Schweizer Kantonen Uri und Glarus investierte etwa jeder zehnte Erwachsene in das Schneeballsystem.
In der Schweiz verloren 20 000 Anleger ihr Geld.
Einige davon ihr gesamtes Erspartes.

2. Historische Ebene:

Stationen der Gier zur Weltherrschaft

Wir nehmen an, dass die Menschen immer schon
zwischen Gut und Böse unterscheiden konnten.
Doch das Gute birgt in sich die Möglichkeit,
schlecht zu werden. So zweideutig ist die Gier.

---

[21] Siehe Wikipedia: https://de.wikipedia.org/wiki/Charles_
Ponzi#Ponzi_scheme

Die weitere Entwicklung ist durch diese Eigenart des Dranges charakterisiert. Die Trennungslinie zwischen dem Schädlichen und dem Unschädlichen wird unsichtbar. Was am Anfang als Gefahr erkannt wurde, wird im Laufe der Entwicklung als willkommene Chance begrüßt. Aus dem „Meide die Gier! Denn sie zerstört den Menschen und ruiniert die Gesellschaft" ist geworden: „Gier ist gut. Denn ohne sie gibt es keinen Fortschritt".

Diese Umkehrung der Verhältnisse sei im Folgenden skizziert.

a) Der Wucher

Wucher bezeichnet das Angebot einer Leistung zu einer deutlich überhöhten Gegenleistung unter Ausnutzung einer Schwächesituation oder gar der Notlage eines Vertragspartners. Wucher kann strafbar sein.

Etymologisch bedeutet das Wort *Ertrag, reicher Ertrag* (vgl. wucherndes Grünzeug) und wurde zuerst positiv verwendet.

Bei der Leihe von Geld oder Naturalien waren damit die Zinsen gemeint, die von der Kirche (auch in der jüdischen und islamischen Lehre) deshalb negativ bewertet wurden, weil dadurch die Zwangslage eines Mitmenschen ausgenutzt wurde und weil es für Menschen, die ihrer Schulden nicht mehr Herr wurden, den Ruin bedeutete.

Es wurde früh erkannt, dass der Wucher keine Grenze kennt. So erließ die Kirche 1215 (Viertes Laterankonzil) ein allgemeines Zinsverbot. Jeder,

der es übertrat, wurde als Wucherer bezeichnet. Somit war der Beruf des Geldverleihers Christen verschlossen – und Juden, denen die Ausübung handwerklicher und landwirtschaftlicher Berufe untersagt war, wurden in dieses Tätigkeitsfeld gedrängt. Aus diesem Grund wurde Wucher zu einem Stereotyp des Antisemitismus.

Die Folgen der Gier und der Kampf gegen sie im Mittelalter, in der Renaissance, zu Beginn der industriellen Revolution sind oft untersucht worden.[22]

Doch wir wollen auf einen weniger untersuchten Aspekt aufmerksam machen: Die Gier wiederholt ihre Handlungsweise von Generation zu Generation, von Epoche zu Epoche nicht unverändert. Sie verfeinert vielmehr allmählich ihre Methode, schleicht sich bis in die Gesetzgebung hinein, sodass sie schließlich die gegen sie erlassenen Maßnahmen eher schützen. Das heißt: Durch gleitende List gelingt es der Gier, gegen sie erlassene Vorschriften in Schutzmaßnahmen für sie umzuwandeln.

Diese List der Gier findet sich eindeutig schon in Rom. Ein Zinsverbot, das für die bäuerliche Gesellschaft erlassen wurde, konnte sich im vergrößerten Römischen Reich bei blühendem Handel

---

[22] Vgl. Hans LEYENDECKER, *Die große Gier. Korruption, Kartelle, Lustreisen: Warum unsere Wirtschaft eine neue Moral braucht*; Tomáš SEDLÁČEK, *Die Ökonomie von Gut und Böse*. Christoph FLEISCHMANN, *Eine kleine Geschichte der Gier*.

und Geldverkehr nicht mehr halten. Anstelle des *nexum*, das aus der Schuldnersituation ein oft letztlich in die Sklaverei führendes Geschäft machte, trat das *mutuum*. Dieses war ursprünglich als zinsloses Freundschaftsdarlehen gedacht, wurde dann aber zur Umgehung des Zinsverbots genutzt.

Solche Tricks kann man oft in der Geschichte finden.[23]

So vermag sich die Gier durch die Jahrhunderte hindurchzumogeln, bis sie dann im technischen Zeitalter – mit rechtlicher Verkleidung getarnt – die höchsten Ebenen von Gesellschaft, Kirchen und Staat erklimmt.

Im Laufe der Geschichte hat sich die Perspektive umgedreht. Richtete der Mythos sein Augenmerk auf die zerstörerische Wirkung der Gier, so wird diese nunmehr als Heilbringerin angesehen. Nach dem Motto: *Zuviel Geld mag böse Folgen haben, doch niemals so böse wie die Armut.* Folglich sei das Streben nach Geld kein Verderbnis, sondern geradezu eine wünschenswerte fruchtbare Grundhaltung. Die Mythologie des Geldes hat gesiegt, und Mammon ist im Olymp des materiellen Wohlstands der oberste Gott.

Der Erfolg dieser untergründigen Strategie wird durch die epidemische Art der Entwicklung ermöglicht. Sie hat alle Organe infiziert. Die amtlich bekleidete Gier vermag deshalb *oben* in den Chef-

---

[23] Vgl. Wikipedia, Art, Wucher.

etagen zu herrschen, weil sie *von unten* (von den Bürgern selbst) getragen wird. Das Volk also, das das Joch der Gier am schwersten belastet, wird im Grunde auch von ihr getragen. Unterdrückte und Ausgebeutete sind – und zwar bisweilen sehr bewusst – neidisch auf die Reichen und Machthaber. Gerne wären jene wie diese, wenn sie es könnten. Die Revolte der Bürger gegen die Herrscher ist oft ein strategisches Manöver der Gier. Denn in Wirklichkeit wollen die Unterdrückten die Unterdrücker nur ablösen.

Fazit:

Lange Zeit wurde die Theorie vertreten: Geld verderbe den Menschen. In der Praxis jedoch wurde Reichtum angestrebt. Der nächste Schritt war die Rechtfertigung dieser Kluft: Ein Mensch könne schlecht handeln, aber gut denken. Doch allmählich wird das Denken vom Handeln infiziert.

Wer sich in der Praxis von der Gier leiten lässt, denkt am Ende entsprechend.

Zu Beginn der Neuzeit finden wir im Abendland einen Wendepunkt, an dem die zwei entgegengesetzten Auffassungen aufeinanderprallen: Die eine will Fortschritt, bejaht das Übermäßige, steht positiv der Gier gegenüber – die andere will Mäßigung, bejaht Gleichheit, geißelt die Heuchelei, fordert Verantwortung.[24]

---

[24] Als Beleg haben wir die empirische Entwicklung in Europa vor Augen. Doch das Phänomen ist ontologischer Natur

b) Konrad Peutinger (1465–1547) gegen Martin Luther (1483–1546)

Bis zum Ausklang des Mittelalters war die Haltung gegenüber der Gier grundsätzlich ablehnend. Denn mehr verlangen, als man selbst bezahlt hat, bedeutete, den Nächsten benachteiligen; war also unchristlich. So wurde die Raffgier der Geldverleiher (geforderte Zinsen) vom zweiten Laterankonzil (1139) verurteilt und mit schweren Strafen (bis zum Verbot des christlichen Begräbnisses) belegt. Die christliche Lehre wurde mit dem Satz ausgedrückt „Gleiches gegen Gleiches!" Sich auf Kosten anderer zu bereichern, wurde *prinzipiell* verdammt.[25]

Diese Wucherlehre war jedem bekannt und durch das geltende Recht geschützt. Doch in der Praxis hat es schon im Mittelalter Kreditwirtschaft mit verdeckter Zinsnahme gegeben.

Folglich kam es keineswegs aus heiterem Himmel, als zur Wende vom 15. zum 16. Jahrhundert die moralisch verurteilende Auffassung in die bejahende umschlug. Anstelle des Satzes nur „Gleiches gegen Gleiches", um den Nächsten nicht zu übervorteilen, wurde das Gegenteil zur Norm: *Je-*

---

und betrifft das Verhältnis des Menschen zum Geld überhaupt.
[25] Vgl. Christoph FLEISCHMANN, *Eine kleine Geschichte der Gier*. Ders., *Gewinn in alle Ewigkeit. Kapitalismus als Religion.* Zürich 2010.

der Besitzer dürfe seine Ware so teuer verkaufen wie er wolle.

So dachte etwa der Humanist und Augsburger Stadtschreiber Konrad Peutinger (1465–1547), der in Bologna zum Dr. utriusque iuris (Doktor des römischen und des kanonischen Rechts) promoviert hatte. Peutinger vertrat die Gegenposition zu Martin Luther (1483–1546). Der Reformator empörte sich mit wütender Ironie gegen das aufkommende Wirtschaftsdenken:

> ‚Ich mag meine War so teuer geben, als ich kann.‘ Das halten sie für ein Recht, da ist dem Geiz der Raum gemacht und der Hölle Tür und Fenster alle aufgetan. Was ist das anders gesagt denn so viel: Ich frage nicht nach meinem Nächsten? Hätte ich nur meinen Gewinn und Geiz voll, was gehet mich's an, dass er zehn Schaden meinem Nächsten tät auf einmal?[26]

Was zu Luthers Zeiten die Forschung noch nicht herausgestellt hatte: Gier und Geiz sind stumpf, amoralisch und areligiös, haben keine Gefühle und kein Gewissen, sie kennen kein Mitleid, keine Verantwortung. Für Gier und Geiz spielen die Menschen als solche („der Nächste") keine Rolle. Im Gegenteil. Sie suchen nach der Stellung, von wo aus sie die Menschen auszunutzen vermögen. Diese werden als Sprungbrett für den eigenen Gewinn betrachtet. So sind gerade Zeiten von Güterknappheit Erntezeiten für die Gier. Sie ergreift

---

[26] Martin LUTHER, *Von Kaufhandlung und Wucher*. In: DERS., Ausgewählte Werke, Bd. 5, München 1952, 113–159.

die Not des Menschen als ausgezeichnete Gele-
genheit für die Selbstbereicherung.

c) Aufbruch zur Neuzeit: Lobpreis der Gier

Vom Ziel her blicken wir zurück:
Es war ein langer Weg, der zur Spitze führte.
Doch nun thront sie auf dem Gipfel über der
Menschenwelt: Die Gier! Im 21. Jahrhundert wird
sie überall als die ersehnte Göttin gefeiert.
Und der verirrte Mensch träumt:

> Am Anfang war die Gier,
> Ein Motor des Fortschritts!
> Wohlstand ist nur bei Dir,
> Und Elend ohne Dich.
>
> Die Menschen im Labor –
> sehr konzentriert und still.
> Man wollte nur nach vorne,
> das Leiden sei besiegt.
>
> Erobern auch nach oben,
> die Macht zu haben sticht.

Doch einige Menschen sahen, wie das Elend auf
Erden zunahm. Während in der Wissenschaft als
Religion des Zeitalters die neuen Priester nach
Wegen zu Welträumen suchten, klagten die alten
über den Mangel an Gleichgewicht. Viele verarm-
ten zunehmend, während sich wenige bereicher-
ten. Dabei vergaßen die alten Priester jedoch, wie
grausam es in der Welt der Menschen zugegangen
war.

Jahrhundertelang hatten sich die Menschen auf
der Suche nach Sinn und nach dem Gott des Sin-

nes bekämpft. Die Religionskriege waren eine Plage. Lange hatten die Völker vermeint, nur ihr Gott sei jeweils der wahre Gott. Und sie zerfleischten sich. Doch es waren nur Partialgottheiten. Nun, im Zeitalter der Technik, hatten sie aber alle zusammengefunden. Der bindende Mittelpunkt war das Geld. Gott und Göttin. Mammona-Mammon beseelte die Menschenkinder im Rennen zum gemeinsamen Ziel: endlich reich werden.

d) Die Banken – Tempel des Zeitalters

Das Geld ist selbstständige Wirklichkeit geworden. Es lebt aus sich, dreht sich um sich, vermehrt sich, bestimmt fast uneingeschränkt. Es sammelt in sich die Faszination der Macht, die Anziehungskraft der Schönheit, das Geheimnis der Unvergänglichkeit. Es überdauert Menschen, Institutionen, Epochen. Es herrscht über die Welt.

Das Geld ist faktisch zum Sinn des Daseins geworden. Theoretisch ist es zwar nur Mittel zum Zweck. In Wirklichkeit ist heute Geldverdienen ein Lebensziel. Das Geld ist überall präsent im Leben des Menschen. Es wird angebetet, wohnt dem Menschen inne, bewegt sie, steuert sie. Als allgemein anerkannte Gottheit thront es in imposanten Gebäuden, welche die Wertstellung der früheren Kathedrale eingenommen haben.

Aus der Mitte der Großstädte erheben sich die neuen Tempel: die Banken. In deren Geheimkammern wird die Macht erzeugt und die Welt gelenkt.

Das ist die erschütternde Wandlung des Zeitalters: Die göttliche Macht, die der Glaube der Menschen einst oben in der höheren Welt wähnte, findet sich nun, Zahl geworden, unten auf Erden. Denn die Macht des Geldes liegt in der Kraft der Zahl verborgen. Und die Zahlen wachsen, wenn man mit ihnen gut umzugehen versteht.[27]

3. Gegen den Strom: Das islamische Bankwesen

Das Prinzip der gierigen Grundhaltung, das sich gegen die alte Moralvorstellung durchgesetzt hat, lautet: Aus Geld mehr Geld machen zu wollen, sei nicht nur wünschenswert, sondern das Geforderte, weil erst dadurch Reichtum, Marktwirtschaft, Industrie, Arbeitsplätze usw. möglich seien.

Auf den Begriff gebracht: *Das Sein wird durch das Haben definiert.* Wer nichts hat, ist auch nichts. Die Gefahr, dass sich das Geld verselbstständigt und über Mensch und Gesellschaft herrscht, war vor Jahrhunderten ein Grund zur Sorge. Wir haben oben auf den Kampf Luthers gegen den Wucher hingewiesen – aber auch auf Kritiker, die Luthers Auffassung infrage stellten.

Nun finden wir eine Lehre, die sich heute ge-

---

[27] Vgl. Charles EISENSTEIN, *Ökonomie der Verbundenheit: Wie das Geld die Welt an den Abgrund* führte – *und sie dennoch jetzt retten kann.* Dazu Jens HEISTERKAMP, *Die Schönheit des Geldes. Charles Eisensteins Vision einer* Wirtschaft *aus dem Geist des Gebens und die neue Verbindung von Spiritualität und sozialer Frage.*

nauso wie in früheren Zeiten gegen die Herrschaft des Geldes wehrt: das islamische Bankwesen.[28]

Demnach soll das Geld nicht Selbstzweck sein, sondern in den Dienst des Menschen treten. Um dieses Prinzip in die Praxis umzusetzen, werden Regeln aufgestellt, die folgende Punkte betreffen:
Allgemeines Zinsverbot (Riba)
Verbot der Spekulation (Gharar)
Verbot des Glücksspiels (Maysir, Qimār)

Als Gründer des islamischen Bankwesens gilt der Ägypter Ahmad an-Naggār. In seinem 1977 erschienenen Buch *Der Weg des islamischen Erwachens. Banken ohne Zinsen* (Manhağ aṣ-ṣahwa al-Islāmīya. Bunūk bilā fawā'id) fasst er den Unterschied zwischen islamischen und gewöhnlichen Banken in drei Punkten zusammen: 1. Die islamische Bank akzeptiert auch geringe Einlagen, während sich die gewöhnliche Bank für kleine Anlagen nicht interessiert; 2. Die islamische Bank bemüht sich bewusst darum, die Menschen zu stärken, „ihre Interessen auf dem Weg zu Gott zu verwirklichen" (taḥqīq maṣāliḥihim ilā ṭarīq Allāh),

---

28 Daud VICARY ABDULLAH and Keon CHEE, *Islamic Finance, Why it Makes Sense,* 2010, Daniel K. BERGMANN, *Islamic Banking – Ein Studienhandbuch.* Norderstedt 2008; Volker NIENHAUS, *Islamische Ökonomik in der Praxis: Zinslose Finanzwirtschaft.* In: W. Ende, U. Steinbach, Der Islam in der Gegenwart. München 52005. 163–198. Andreas Abu Bakr RIEGER, *Weg mit dem Zins.* Werder (Havel) 2011; Andy SCHÜNEMANN, *Islamic Banking als Herausforderung für das deutsche Private Banking.* Norderstedt 2007.

während eine gewöhnliche Bank nur nach Gewinn strebt; 3. Die islamische Bank betrachtet sich als Teil einer allgemeinen islamischen Organisation, deren Aufgabe der Dienst an der islamischen Gesellschaft ist, während die gewöhnliche Bank keine Beziehung zwischen sich und der umgebenden Gesellschaft sieht.

Weiterhin sind soziale und ethische Ausschlusskriterien (Harām-Verbote) zu beachten. Hierzu zählen insbesondere das Verbot der Investition in
Alkoholherstellung und -vertrieb,
Prostitution,
Pornografie,
Verarbeitung von Schweinefleisch und den
Handel damit sowie
Waffen und Kriegsgüter.

Doch inzwischen betrachten viele Ökonomen und Religionsforscher Islamic Banking als weitgehend gescheitert.

„Es ist eine Illusion", sagt der international anerkannte Islamexperte Thomas Volk. „Ein schönes Ideal, mehr nicht." Seit der Finanzkrise bewerben arabische und asiatische Staaten Islamic Banking als Alternative zu westlichen Ordnungen: als moralisch überlegene Variante des Geldvermehrens, als System ohne Blasen, als Heilmittel gegen die Gier.

Die Botschaft kam an in den Jahren 2007 und 2008, als sich die Bank Lehman Brothers mit wahnwitzigen Spekulationen ruinierte und das

Vertrauen der Menschen in die Finanzwelt erschütterte. Die großen Institute brachten plötzlich islamkonforme Papiere heraus, auch die Deutsche Bank. Sogar der Vatikan war angetan und forderte Geldhäuser in Europa und Amerika auf, von der Scharia zu lernen, der islamischen Rechtsordnung.

Doch nach der ersten Euphorie ist nicht viel geschehen. Eine Studie, welche die Konrad-Adenauer-Stiftung durch den Islamwissenschaftler Volk mit dem Wirtschaftswissenschaftler Gunter Rieck Moncayo erstellen ließ, kam zu dem Schluss, dass Islamic Banking nur ein gedankliches Konzept ist, das in der Realität kaum funktioniert. „Fata Morgana", so Volk, das Finanzgefüge flirre am Horizont mit verwaschenen Konturen, und wenn man näher komme, löse es sich auf. Selbst arabische Länder distanzieren sich vom islamischen Bankwesen.[29]

Wie der christliche so erweist sich auch der moslemische Glaube – überhaupt Religion –, angesichts der Gier ohnmächtig. Wenn man mit Recht bemerkt, das Prinzip Kredit ohne Zinsen, ja überhaupt eine zinslose Ökonomie, sei zum Scheitern verurteilt, so darf man den Grund dafür nicht

---

[29] Stefan BEUTELSBACHER, *Allahs gescheiterte Banker*. In: Welt, digital Zeitung, Kuala Lumpur, 17.10.2015. Vgl. Thomas VOLK, *The Islamist Challenge: How Europe can defend its values*. In: Unity in Adversity, Immigration, Minorities and Religion in Europe, hrsg. von Vit Novonty, Brüssel 2017.

übersehen. Durch das Zinsverbot werde das wirtschaftliche Wachstum erheblich gedrosselt, sagt der Ökonom Makram El-Shagi. Das ist klar. Doch der wahre Grund für das Scheitern des islamischen wie jedes anderen Konzepts ist die Gier. Sie ist gegen politische, philosophische, religiöse Argumente immun.

4. Fazit: Gier ist eine epochale Suchtkrankheit

Das gierige Verhalten ist epidemisch, ansteckend. Die Menschen haben Angst voreinander, weil sie stets befürchten, ihren Besitz zu verlieren. Im anderen („im Nächsten", wie Luther sagte) vermuten sie stets einen potentiellen Dieb. Das spanische Sprichwort: Piensa el ladrón que todos son de su condición (Der Dieb meint, dass alle Diebe sind) bewahrheitet sich. Da gierige Menschen vornehmlich Geld und Besitz im Kopf haben, sehen sie überall Räuber – und dies nicht ohne Grund. Denn zurzeit blüht von den unteren bis zu den höchsten Etagen der Betrug. So ist ein Merkmal des Zeitalters und gleichzeitig ein Symptom der epochalen Seuche (Pandemie) die institutionalisierte Korruption. Nach langjähriger Erfahrung an der Börse schrieb Anne T.:

> Ich bin inzwischen sicher, dass Geld süchtig macht. Anders ist es nicht zu erklären, wie Menschen sich verändern, welchen Preis sie bereit sind zu zahlen,

um möglichst viel davon zu bekommen. Und sie werden nicht satt, sondern immer hungriger.[30]

Als Symptome dieser Suchtkrankheit seien exemplarisch angeführt:

a) Die Menschen schämen sich insgeheim, gierig zu sein, können es aber nicht lassen.

b) Durch den Besitz werden sie nicht satt. Der Hunger wächst vielmehr. Schon in der Antike wurde Geldsucht mit Wassersucht verglichen: Je mehr man trinke, umso mehr wachse der Durst (so Alkuin von York)[31].

c) Durch die Sucht gehen Gefühle für Verantwortung und Rücksicht verloren. So wirkt ein Begriff wie „gerechter Preis", der, wie Luther forderte, die Notlage des Nächsten berücksichtigt, heute naiv, da gerade der Mangel an Gütern als Grund angesehen wird, die Preise zu erhöhen.

d) Die zwei Seiten der Sucht sind: Erwerben und Festhalten. Gier und Geiz gehören zusammen.

e) Folglich nimmt Gier mit zunehmendem Reichtum nicht ab, sondern zu.

f) Aus demselben Grund trägt Armut nicht von selbst zur Minderung der Gier bei.

g) Im Mittelalter wurde der Wucher kritisch betrachtet. Überdies war Wucher nicht mächtig, sondern bedürftig.

Im Industriezeitalter regieren uneingeschränkt die Banken. Gewiss wird die Gier intern durch-

---

[30] Anne T., *Die Gier war grenzenlos*, 8.
[31] Alkuin (735–804), ab 782 Leiter der Hofschule Karls des Großen in Aachen.

schaut. Doch gegen sie anzutreten, hat kaum Chancen auf Erfolg.

Wie bei anderen Suchtkrankheiten auch schämt sich der Kranke insgeheim. Kaum jemand wird zugeben, geldgierig zu sein. So ist für die Gier die Tarnung, die Heuchelei überlebenswichtig.

Die Gier handelt tatsächlich wie ein Motor der nur nach vorne treibt – ohne Rückgang, ohne Grenze. Immer mehr! Dieser Drang überrollt alle Prinzipien. Sich verführen zu lassen, ist bei diesem Geschäft unvermeidlich, weil die Dynamik der Gier den Willen des Menschen biegt.

5. Kapitel

Krankheitsbild der Gier (1)

---

1. Verlust des Gefühls für das Erhabene

Die Gier engt den Menschen ein. Sie macht ihn unfähig, aus sich herauszutreten. Der gierige Mensch ist nur auf sich selbst als potentiellen Besitzer fixiert. So merkt er nicht, dass er sich selbst den Boden entzieht.

Gier tötet die Gefühle ab. Die Abtötung der Sensibilität macht einen jahrhundertelangen Prozess durch, der mit der Zerstörung der Natur beginnt, die Grundlagen der Gesellschaft unterminiert und die Substanz des individuellen Lebens samt Körper mit seinen Organen verdirbt.

Diese Reihenfolge gehört zur Entwicklung der Krankheit. Gier zielt zwar – wie schon alte Mythen und Sagen betonten – auf Selbstzerstörung. Doch diese ereignet sich im Szenario einer Verwüstung, die dem Menschen – ja dem Leben überhaupt – auf Erden den Boden zu entziehen trachtet.

Die Tragödie der Zerstörung der Natur durch den Menschen ist gewiss seit Langem bekannt.

Dabei wollen wir eine symptomatische Seite herausarbeiten, die aufzeigt, dass das Problem *neu,* nämlich *medizinphilosophisch* bzw. *transzendentalpathologisch* zu stellen ist.

2. Zerstörung von Natur und Umwelt

Wälder, Meere, Berge

Für die Erhaltung unseres Planeten sind Wälder, Berge, Meere, Flüsse unentbehrlich. Sie bergen Pflanzen und Tiere, ermöglichen das ökologische Gleichgewicht. Durch sie wächst die Nahrung, erneuert sich die Luft, wechseln die Jahreszeiten. Ohne all dies wäre die Erde eine Öde, mit ihnen wird unser Planet dem Menschen zur Heimat.

Über die biologische Grundlage hinaus haben Wälder, Berge, Meere, Flüsse eine weitere Funktion. Sie dienen dem Menschen als Boden für Erfahrungen höherer Dimensionen.

Für den Geist besteht der Wald nicht nur aus Bäumen, er ist zugleich Erfahrungsort spiritueller Sinngebung.

Die Berge erzählen durch ihr Dasein von Ausgesetztheit und Geborgenheit, Steigerung und Höhe, vom Fallen, Sichaufrichten und Weitergehen.

Die Meere weisen ins Unendliche, auf die Ursprünge des Lebens – und zeigen zugleich den Abgrund.

Die Flüsse beleben das Innere, grenzen das Heimische ab.

Berge, Flüsse, Meere, Täler, Wälder sind mehr

als nur Naturelemente. Sie sind gleichzeitig Geist. Sie reden eine eigene Sprache, erzählen von Sehnsüchten und früheren Zeiten. So sind sie Quellen von Inspiration für Dichter und Denker, ein Geschichtsbuch für Wissenschaftler.

Die Gier dagegen sieht die Natur unter kommerziellen Gesichtspunkten als Gegenstand, den es auszubeuten gilt.

Wann hat dieser Prozess begonnen?

Um diese historische Frage geht es nicht. Die Natur bietet uns gegenwärtig das verunstaltete Gesicht einer Krankheit, die den Menschen auch deshalb entsetzt, weil sie ihm als Spiegel dient. So sieht Gier aus!

Zu den Symptomen gehört, dass sich der Mensch an die Tragödie gewöhnt. Der erste Schritt einer Therapie besteht im Versuch, die Sensibilität wieder zu beleben.

Der Wald: Symbolik

Vornehmlich für Kindheitserlebnisse hat der Wald eine symbolische Bedeutung. Das Leben – magisch verkleidet – erscheint umgeben von Geheimnissen. Das Gute und das Böse wirken nebeneinander, gehen ineinander über. Verwandlung ist ein Grundwort in der Welt des Kindes. Die Augen der Unschuld sehen Dinge, die dem verbrauchten Blick verschlossen bleiben.

Diese geistige Bedeutung des Waldes gründet in der Wirklichkeit. Wald bedeutet Frische, Geheimnis, Überraschung und Angst, Abenteuer – und ist eine Quelle für Erneuerung der Luft, für die Harmonie des ökologischen Gleichgewichts.

Der Wald spricht zum Menschen, hebt Erinnerungen auf, tröstet, beruhigt:

Ihr teuren Ufer, die mich erzogen einst,
Stillt ihr der Liebe Leiden, versprecht ihr mir,
Ihr Wälder meiner Jugend, wenn ich
Komme, die Ruhe noch einmal wieder?

Am kühlen Bache, wo ich der Wellen Spiel,
Am Strome, wo ich gleiten die Schiffe sah,
Dort bin ich bald; euch, traute Berge,
Die mich behüteten einst, der Heimat

Verehrte sichre Grenzen, der Mutter Haus
Und liebender Geschwister Umarmungen
Begrüß ich bald und ihr umschließt mich,
Daß, wie in Banden, das Herz mir heile.

(Hölderlin)

Doch die Gier hat keinen Sinn für Geist und höheres Leben. Sie betrachtet den Wald als eine Fundgrube für ihre Geschäfte. Doch das ist ein kurzsichtiger Standpunkt.

Funktion der Wälder für unseren Planeten

Für die Erhaltung des Lebens sind die Wälder äußerst wichtig.[32]

---

[32] Vgl. zu Folgendem: Peter HIRSCHBERGER, *4con forestconsulting: Die Wälder unserer Erde*. 1. Auflage 2007 WWF Schweiz, 2. Aufl. 2011 WWF Schweiz und WWF Deutschland. Darin wird kurz und prägnant das Problem dargestellt, in der Bibliographie auf weiterführende Arbeiten hingewiesen. Info wwf.ch/wwf.de

Begründung:

Wälder schützen den Boden vor Erosion, gewährleisten die Speicherung von Grundwasser. Ferner binden sie CO_2, dadurch senken sie den Kohlenstoffgehalt in der Atmosphäre und tragen zur Abmilderung des Klimawandels bei. Wälder sind notwendig als erneuerbare Rohstoffquelle. Sie gehören zu den Ökosystemen mit der größten biologischen Vielfalt. Denn sie beheimaten rund zwei Drittel aller an Land lebenden Tiere und Pflanzen. Schließlich hängt das Überleben vieler indigener und traditionell lebender Gemeinschaften direkt oder indirekt von den Wäldern ab.

Wälder sind also unersetzlich für das Überleben von Menschen, Tieren und Pflanzen.

Rücksichtslosigkeit der Gier

Trotzdem schwinden Tag für Tag Wälder weltweit. 15 Millionen Hektar Wald werden jedes Jahr vernichtet. Lediglich 20 Prozent der ursprünglichen Waldfläche sind heute noch intakt.

Der Vernichtungsprozess ist erschreckend. Nicht nur die tropischen Regenwälder Lateinamerikas, Afrikas, Asiens, auch die Wälder Kanadas, Skandinaviens, Russlands, Osteuropas sind betroffen.

In Brasilien wurde in den letzten vierzig Jahren eine Regenwaldfläche von der doppelten Größe Frankreichs vernichtet; von der ursprünglichen Waldfläche Asiens bestehen inzwischen nur noch weniger als 30 Prozent. In Indonesien wird jährlich eine Fläche von der Größe der Schweiz abgeholzt.

Die Geschwindigkeit der Zerstörung nimmt zu: In den achtziger Jahren wurden in Indonesien etwa eine Million Hektar Wald pro Jahr zerstört, in den neunziger Jahren waren es schon 1,7 Millionen Hektar und seit 1996 beträgt die jährliche Zerstörungsrate etwa zwei Millionen Hektar. Zwischen 1985 und 1997 wurden also etwa 17 Prozent des indonesischen Waldes abgeholzt. In Afrika sieht die Situation ähnlich aus.

Wie ist so ein Verhalten möglich, da wir doch wissen, wie wichtig Wälder für unser Überleben sind? Antwort: Weil der an Gier erkrankte Mensch die Gefühle verliert, kein Gewissen hat und keine Verantwortung kennt.

Zerstörungsursachen

Die Zerstörung der Wälder tarnt sich meistens im Gewand der Nützlichkeit, wird aber oft illegal betrieben. Hier einige Beispiele:

a) Holzeinschlag

dient der Gewinnung von Bau- und Brennmaterial, aber auch für die Herstellung von Möbeln, Bodenbelägen und anderen Produkten.

b) Papier- und Zellstoffproduktion

Eine weitere Ursache für die Zerstörung der Wälder ist der immense Papierbedarf in den Industriestaaten. Zum Vergleich: Ein Afrikaner verbraucht im Durchschnitt 6,5 kg Papier pro Jahr, in Deutschland dagegen liegt der jährliche Konsum bei etwa 250 kg – pro Kopf; in Finnland und USA sind es 300 Kilogramm.

Immer mehr kommt Holz aus tropischen Regionen. Auf großen ehemaligen Regenwaldgebieten werden Plantagen mit schnell wachsenden Bäumen wie Eukalyptus angelegt, um den Nachschub des Rohstoffes Holz bzw. der Fasern sicherzustellen.

Beispiele: In Chile wurde ein Drittel des natürlichen Waldes in Papierplantagen umgewandelt; in Indonesien beträgt die Fläche von Papierplantagen weit über eine Million Hektar; in Brasilien besitzen Papierfabriken annähernd zwei Millionen Hektar Plantagen und jährlich kommen etwa 100 000 Hektar neu hinzu. Ähnliches geschieht in China, Thailand, Australien, Südafrika, Uruguay u.a.m.

c) Landwirtschaft

Auch die Landwirtschaft trägt ihren Teil zur Zerstörung der Wälder bei durch einen enormen Flächenbedarf für den Anbau von Futter- und Nutzpflanzen sowie für Viehweiden. Von 2000 bis 2006 wurde in Brasilien eine Fläche von der Größe Griechenlands gerodet. Brasilien holzt Flächen für Zuckerrohr und Baumwolle ab und hat sich zum wichtigsten Produzenten der eiweißreichen Sojabohne entwickelt, die vor allem in Europa benötigt wird.

d) Agroenergie

Durch die sich abzeichnende Verknappung fossiler Energieträger sowie die Absicht, die durch ihre Verbrennung hervorgerufene Klimabelastung zu vermeiden, erleben Agrotreibstoffe wie Palmöl oder Ethanol aus Zuckerrohr einen regelrechten Boom. Im Bestreben den CO_2-Ausstoß zu mindern, soll die Klimabilanz der Autos durch die Beimischung sogenannter „Bio"treibstoffe aufgebessert werden.

Malaysia und Indonesien sind bereits heute die weltweit größten Produzenten und Exporteure von Palmöl, das bislang vor allem in der Nahrungsmittel- und Kosmetikindustrie verwendet wird. Das Palmöl wird in großflächigen Plantagen angebaut, für die Regenwald abgeholzt wird. Auf über vier Millionen Hektar in Sarawak und Sabah auf Borneo wachsen Malaysias Ölpalmen. Indonesien will die derzeitige Plantagenfläche von circa sieben Millionen Hektar auf 26 Millionen Hektar im Jahr 2026 ausweiten.

e) Infrastrukturprojekte

Der Mentalität der westlichen Zivilisation gemäß zielen Programme für Entwicklungsländer auf Wohlstand ab. Die nach Rohstoff gierenden Gesellschaften der Industrie- und der Schwellenländer lassen sich die Waren aus den letzten Winkeln der Erde liefern. So werden etwa Straßen durch die Regenwälder gebaut, um – wie in Brasilien – das Soja so schnell und kostengünstig wie möglich zu den großen Häfen bringen zu können und um weitere rohstoffreiche Gebiete zu erschließen. Dafür werden (etwa in Regenwäldern von Malaysia, Laos, Brasilien) Staudämme und Wasserkraftwerke gebaut.

f) Förderung / Ausbeutung von Bodenschätzen

Das Gebiet des artenreichen Regenwaldes Ecuadors ist in Konzessionen zur Erdölförderung unterteilt. Indigene Völker – hier wie auch in Peru – haben die Folgen zu tragen. Gelegentlich siegt noch die Vernunft gegen den gierigen Merkantilismus, so etwa beim Verbot für Bergbaukonzessionen im indischen Orissa.

Schwache Regierungsführung

Fehlende staatliche Strukturen, zu wenig Geld und Personal sowie schwacher Durchsetzungswille befördern vielerorts die Waldzerstörung zugunsten kurzfristiger Gewinne für Unternehmer, die der Regierung nahe stehen, oder gar für schwarze Kassen von Regierungsverantwortlichen. Multinationale Holz-, Papier- und Agrarkonzerne nutzen diese Schwächen. Schließlich erleichtern Bürokratie und Korruption die Ausbeutung der Wälder. Dieser Situation gegenüber sind die indigenen Völker ohnmächtig.

Wirtschaftspolitische Maßnahmen

Zweifelsohne sind verantwortliche Politiker weltweit über die Situation besorgt. 1992 fand die Konferenz der Vereinten Nationen (UN) für Umwelt und Entwicklung in Rio de Janeiro statt. Spätestens seitdem ist das Umweltbewusstsein wacher geworden, Umwelt- und Klimakonferenzen haben stattgefunden. Internationale Standards wurden mit dem Ziel entwickelt, bestehende Wälder zu erhalten und eine sozial verträgliche und ökologisch nachhaltige Waldbewirtschaftung zu gewährleisten. Zertifizierungen garantieren, dass Holz- und Papierprodukte aus ökologisch und sozial verträglich bewirtschafteten Wäldern stammen.

Doch die Zerstörung der Wälder geht weiter. Warum? Weil hinter politischen Maßnahmen die kommerzielle Absicht steckt. Die kommerziellen Interessen der Industrieländer bestimmen das Geschehen.

Solch hartnäckige Haltung geht auf eine Ursache zurück, die man selten berücksichtigt: *die Gier.* – Sie ist eine problematische Suchtkrankheit, die bei jeder Lösung eine Hintertür findet. Argumente und Erläuterungen haben dabei kaum Wirkung. Denn die Ebene des Denkens und die Ebene der Gier laufen parallel. Sie treffen sich nie.

Das Meer

Der blaue Planet. Drei Viertel der Erdoberfläche sind von Wasser bedeckt. Es umrahmt die Flächen, auf denen Menschen leben. Es ist das weibliche Element, das alles befruchtet, aber auch mit Geheimnissen umgibt. Das Meer öffnet Horizonte und setzt zugleich Grenzen. Es verbindet gleichsam das Unendliche und das Abgründige.

> Der Himmel leuchtet aus dem Meer;
> ich geh und leuchte still wie er.

Und viele Menschen gehn wie ich,
sie leuchten alle still für sich.

Zuweilen scheint nur Licht zu gehn
und durch die Stille hinzuwehn.

Ein Lüftchen haucht den Strand entlang:
o wundervoller Müßiggang.

Richard Dehmel, 1863–1920

Wir gehen am Meer im tiefen Sand,
Die Schritte schwer und Hand in Hand.
Das Meer geht ungeheuer mit,
Wir werden kleiner mit jedem Schritt.
Wir werden endlich winzig klein
Und treten in eine Muschel ein.
Hier wollen wir tief wie Perlen ruhn,
Und werden stets schöner, wie die Perlen tun.

Max Dauthendey, 1867–1918

Geistige Größe des Wassers

Woher kommt das Wasser? Da müsste man sich mit physikalisch-chemischen Prozessen befassen. Erkenntnisse darüber haben wir schon in der Schule erworben. Doch die Wissenschaft forscht weiter. Unser Wissen nimmt immer mehr zu. Weniger wird dagegen unsere Fähigkeit mitzufühlen.

Diese müssen wir wiederentdecken, um das Wasser geistig zu erfahren und das Meer als das Lebewesen anzusehen, das es ist. Geheimnisvoll und vorsorglich, aber auch unheimlich, bedrohlich, abgründig.

Es geht um die Meere unserer Erde. Wir sagen

unsere Meere, aber sie gehören uns nicht – genauso wenig wie die Berge, Wälder ... Wir sagen *unsere Erde, aber die Erde gehört uns nicht.*

Das Meer ist uns bekannt; trotzdem bleibt es uns verschlossen.

Das Verhalten der Meere hängt mit dem Weltall zusammen. Es handelt sich um Entfernungen und Verbindungen, die uns entgehen. Gerade dies sollte in uns eine Grundhaltung für Dimensionen erwecken, die uns lebenswichtig sind, die wir aber nicht begreifen können.

Sehr früh hat die Philosophie des Abendlandes die Ursprünge des Seins mit der Vernunft zu erhellen versucht. Diese Einstellung war der Sache unangemessen. Denn die menschliche Vernunft ist klein und eng, das Sein jedoch unendlich. Schließlich hat sich die Vernunft das Sein so zurechtgebogen, dass sie es beherrschen kann. Der Ansatz der abendländischen Philosophie war auf Beherrschung aus – die erste Untat der menschlichen Gier.[33] Dem Wasser, dem Ursprung, begegnet der Mensch adäquat durch Ehrfurcht.

Urmutter
Schön,
Ungeheuer und Riese.
Spielend
mit den Steinen

---

[33] Dagegen hat die Vernunft bis zur Erkenntnis vorzudringen, dass es eine Unendlichkeit von Dingen gibt, die sie übersteigen. Die frühere Grundhaltung des Staunens und des Anbetens muss wiederentdeckt werden.

von der Höhe
bis zur Wiese
legst du Grund
in der Tiefe
und suchst wieder
das Licht
und öffnest dich.
Du wächst,
Quell,
erhebst dich
und wirst zur Kraft,
die reinigt und belebt,
gebiert und zerstört.
Wasser!
Üppig
und endlich
erfüllt
dein Gebären
die Bäche und die Seen,
die Flüsse und die Meere.[34]

Die Dichtung öffnet den Blickwinkel, von dem aus man das Wasser mit Ehrfurcht betrachten kann.

Die Meere beeinflussen Wetter und Klima, geben Wasser an die Atmosphäre ab und spenden Luftfeuchtigkeit, die später als Regen auf unsere Erde niederfällt. Sie speichern Sauerstoff und Kohlenstoff, die für Menschen lebenswichtig sind.

Sie bieten Nahrung an.

Die Meere verbinden Länder und halten sie zugleich auseinander. So tragen sie wesentlich dazu

---

[34] Aus: José SÁNCHEZ DE MURILLO, *Dein Name ist Liebe*, 106f.

bei, dass aus dem Planeten Erde eine Heimat für die menschliche Gattung geworden ist.

Kam das irdische Leben aus dem Meer?

Es entscheidet auch über das Weltklima. Ebbe und Flut, das Kommen und Gehen der Wellen symbolisierte schon für die alten Kulturen das Entstehen und Vergehen des Lebendigen.

Zudem ist die Meeresküste ein wichtiger Ort für Erholung und Muse, für Entspannung und Erneuerung.

Doch durch die Gier hat der Mensch das erhabene Verhältnis zum Meer verloren und sieht es hauptsächlich als auszubeutenden Gegenstand.

Plünderung der Weltmeere

Die Weltmeere werden in unserer Zeit zum Zwecke einer maßlosen Ausbeutung aus dem ökologischen Gleichgewicht gebracht. In dem unzutreffenden Glauben, die Weltmeere könnten alles verkraften, ist die Verschmutzung geradezu brutal.

Die Nahrung

Eigentlich sollte der Mensch mit Maß und Verantwortung fischen. Stattdessen wird Überfischung betrieben.[35]

---

[35] Vgl. *Die Plünderung der Meere. Ein gemeinsames Erbe wird zerstückelt.* Hg. Wolfgang Graf Vitzthum. Mit einem Vorwort von Eduard Pestel. Mit Beiträgen von Elisabeth Borgese, Rudolf Dolzer, Golo Mann u.a. Frankfurt a.M. 1981.

Hinzu kommt, dass Tonnen von Müll und von Umweltgiften (radioaktive Abfälle, Öl) in die Meere gekippt werden. Hunderte von Arten sind bereits ausgestorben. Eine „rote Liste" führt 38 Prozent der Fischarten in der Nord- und Ostsee als gefährdet oder ausgestorben an. 60 Prozent der 200 wichtigsten Fischarten (wie Scholle, Hering und Kabeljau) sind überfischt. Rund 84 Millionen Tonnen Fisch werden jährlich aus den Weltmeeren geholt! Etwa 30 Millionen Tonnen davon sind wertloser Beifang wie „unbrauchbare" Fische, Meeresschildkröten und Seevögel. Diese Tiere werden tot oder verletzt ins Wasser zurückgeworfen.

Doch das Problem ist nicht nur die Überfischung. Einige Fangmethoden wirken zerstörend: So werden Tiere mit Hilfe eines Echolots herangelockt und landen in Netzen, deren Maschen häufig so eng sind, dass auch kleine Fische mitgefangen werden.

Ein anderes Übel ist der Gebrauch von Schleppnetzen, die dicht über den Meeresboden gezogen werden, wodurch dessen Flora geschädigt wird.

Verhängnisvoll ist auch die Zerstörung verschiedener Nahrungsketten. Unmengen von Alaska-Seelachs, der Grundstoff für Fischstäbchen, werden gefischt, was gleichzeitig dazu führt, dass die Robbenbestände in Alaska deutlich zurückgegangen sind. Die Steller-Seelöwen sind dadurch gefährdet; ihr Bestand hat in den Jahren zwischen 1970 und 1990 um 80% abgenommen.

Grundbaustein der Meere

Grundlage des Nahrungssystems im Meer ist das pflanzliche Plankton, das 90 Prozent der Algen ausmacht.[36] Es handelt sich um winzige Mikroorganismen, die einzelligen Algen, woraus sich alles Leben auf der Erde entwickelte. Immer noch produzieren sie einen großen Teil des freien Sauerstoffs in der Atmosphäre. Das pflanzliche Plankton besitzt als einziger lebender Organismus die Fähigkeit, Kohlenstoff und Mineralsalze mit Hilfe des Sonnenlichts in organische Verbindungen umzuwandeln. Dieses organische Material dient vielen Meerestieren als Nahrung.

Empfindlichkeit des Ökosystems Meer

Das Nahrungssystem des Meeres braucht das Gleichgewicht. Werden von außen Stoffe zugeführt – wie etwa Phosphate aus Waschmitteln, aus Gülle oder Mineraldüngern, die einen wichtigen Nährstoff für die Algen darstellen –, wird dieses Gleichgewicht gestört: Die Algen erhalten mehr Nährstoffe. Dadurch kann es zu einer Massenvermehrung kommen, wie es in der Nordsee mit der *Killeralge* Chrysochromulina polylepis im Sommer

---

[36] Für die folgenden statistischen Daten vgl. Wasser-Wissen. Institut für Umweltverfahrenstechnik. Universität Bremen. Internetportal Wasser-Abwasser. Wasserwirtschaft International. 2016.

1988 geschah. Diese Alge produzierte einen Giftstoff, der die Durchlässigkeit der Zellmembranen in den Kiemen der Fische blockierte und ein Massensterben in der Fischwelt verursachte.

Alle Tiere und Pflanzen der maritimen Nahrungskette, vorab das pflanzliche Plankton, nehmen Umweltgifte – wie das in Afrika noch eingesetzte Insektenvernichtungsmittel DDT – in ihren Organismus auf. Beim letzten Glied der Kette wird das DDT in besonders hoher Konzentration angereichert. Auf diese Weise können Giftstoffe aller Art in größeren Mengen etwa durch Verzehr von Fisch vom menschlichen Organismus aufgenommen werden.

Faktoren zur Zerstörung des Meeres

Die Forschung macht auf folgende Ursachen der Zerstörung aufmerksam:

1. Erdöl, 2. Düngemittel, 3. Abwasser, 4. Abfälle, 5. Schwermetalle, 6. Dünnsäure, 7. Chlorierte Kohlenwasserstoffe, 8. Radioaktive Stoffe, 9. Temperaturerhöhung, 10. Massentourismus, 11. Jagd, 12. Militär durch Kriege, aber auch durch Übungen mit Schiffen und Flugzeugen.

In letzter Zeit wird auf solche Faktoren hingewiesen, die man bisher kaum beachtet hat, wie etwa Plastiktüten, die am Meeresboden auf einer Fläche von der Größe Frankreichs liegen bleiben. Ihr negativer Einfluss ist verheerend.

Die Zukunft des Meeres und des Menschen

Die Verschmutzung der Meere erfolgt vom Land über Flüsse, durch die Atmosphäre sowie durch Schiffe und Luftfahrzeuge. Über die verseuchten Ströme, die ins Meer münden, werden die Meere zunehmend verschmutzt, aber auch durch die Abwässer, die von den Küstenstädten, Badeorten und Tourismuszentren direkt ins Meer geleitet werden. Auf diese Weise sind das Mittelmeer und die Ostsee betroffen. In einzelnen Bereichen mussten zeitweise Badeverbote ausgesprochen werden. Zusätzlich verpestet werden die Meere – wie bereits oben (unter „Nahrung") angeführt – durch Öltanker und durch das Versenken und Verklappen von chemischen und radioaktiven Abfällen.

Diese Bereiche sind durch verschiedene internationale Übereinkommen geregelt: Das Oslo- und Paris-Übereinkommen (1992) zum Schutz der Meeresumwelt des Nordostatlantiks deckt die genannten Verschmutzungsquellen ab. Es vereint und ergänzt die Meeresschutzabkommen von Oslo (Übereinkommen zur Verhütung der Meeresverschmutzung durch Schiffe und Luftfahrzeuge, 1972) und Paris (Übereinkommen zur Verhütung der Meeresverschmutzung vom Lande aus, 1974). Eine Kommission (OSPARCOM) entwickelt „Pläne für die Verringerung und schrittweise Einstellung der Verwendung von Stoffen, die giftig und beständig sind und zur biologischen Anreicherung neigen".

Beschlüsse der Vertragsparteien des Oslo- und Paris-Übereinkommens sind rechtlich verbindlich und müssen von Staaten, die diesen zugestimmt haben, in nationales Recht umgesetzt werden. Empfehlungen sind lediglich „moralisch verpflichtend".

Die Berge

Die Berge unserer Erde haben ihre Geschichte, ihre Funktion, ihre symbolische Bedeutung. Sie sind wie ein Gedächtnis der Erde, das an die Notwendigkeit des ökologischen Gleichgewichts unseres Planeten erinnert.

Die Symbolik spricht von Momenten des Daseins: Auf- und Abstieg, Höhe und Tiefe, Anstrengung und Verfall. Doch ganz oben, auf dem Gipfel, waltet die Freiheit. Kaum eine Religion, welche die Erfahrung des Göttlichen nicht mit Bergen verbände. Mit dem Blick auf den Gipfel gerichtet, besteigt der Mensch Schritt für Schritt, Stufe nach Stufe den Pfad zur Spitze, wo Freiheit, Frische und Weite erfahren werden können. So auch im Leben. Es geht oft mühsam, ja schmerzhaft. Doch ist einmal oben das Ziel erreicht, genießt der Mensch die Befreiung.

Vorher haben wir die Weite des Meereshorizontes dichterisch vernommen.

Nun wenden wir uns der erhabenen Gestalt des Berges zu.

Höhe
und Tiefe
hat das Leben
erst
durch euch erfahren,
meine Berge.
Gebirge,
versteinertes Zeugen
von Lust und Begierde.
Hügel,
der Mutter
zarter Busen.
Gipfel,
der
der Erde
den Himmel
zum Schoß macht.[37]

Doch Gier kennt keine geistige Betrachtung, keine Erhabenheit. Nur so ist die gegenwärtige Situation zu erklären. Die Berge sind durch kommerzielle Ausbeutung derart verunstaltet, dass sich verantwortungsvollen Menschen die dringende Frage aufzwingt: Kann man die Berge noch retten?

Die Berge retten

Im Jahr 2002 fand in Bischkek (Kirgisistan, Zentralasien) der „Weltgipfel über Berggebiete" statt. Es handelte sich um das erste internationale Treffen zum Thema Schutz der Berge. Einstimmig wurde die „Plattform von Bischkek für Berggebiete" verabschiedet. Als Ziel wurde genannt, „die

---

[37] Aus José SÁNCHEZ DE MURILLO, *Dein Name ist Liebe*, 108f.

Lebensbedingungen der Bergbewohner zu verbessern, die Ökosysteme der Berggebiete zu schützen und für einen umsichtigeren Umgang mit den Schätzen der Berge zu sorgen".[38]

In dieser Richtung sind durchaus Fortschritte in der Sensibilisierung zu verzeichnen. In vielen Regionen konnten Umweltschützer die maßlose Zerstörung der Umwelt einigermaßen aufhalten. So wurde beschlossen, den in kirgisischen Bergen eingelagerten Atommüll zu beseitigen. Dieses hochgiftige Material bedrohte die Wasserversorgung von 20 Prozent der Bewohner Zentralasiens.

Dennoch bleibt es ausgesprochen schwierig, die Berggebiete der Welt zu schützen. Straßen, Brücken, Hochhäuser werden weiterhin gebaut. Es wird nach wie vor rücksichtslos abgeholzt. So mussten 1997 die Richtlinien gelockert werden, nachdem sich die Holzindustrie beklagt hatte, jene seien zu streng.

Zu den wirtschaftlichen Interessen kommen Krieg, Armut und Hunger als Ursachen für die Zerstörung der Ökosysteme der Berge hinzu.

Bewusstmachung

Die Politik bemüht sich. Begegnungen und Kongresse werden organisiert, bei denen auf die Gewichtigkeit der Situation hingewiesen und über

---

[38] Zum Welttreffen in Bischkek vgl. Berge – wer wird sie retten? – Berge – warum wir sie brauchen. In: Wachtturm, online Bibliothek. Ferner Reinhold MESSNER, *Rettet die Alpen*. München 2002.

Maßnahmen nachgedacht wird. Das Jahr 2002 hatten die Vereinten Nationen zum „Internationalen Jahr der Berge" erklärt. Auf UNO-Beschluss hin wird der 11. Dezember seit dem Jahr 2003 als Internationaler Tag der Berge gefeiert. Im Jahr 2007 wurde auf die besondere Rolle der Berggebiete für die Süßwasserversorgung aufmerksam gemacht. Ziel des internationalen Tages der Berge ist es, der Öffentlichkeit Eigenheiten und Probleme der Bergregionen bewusst zu machen.

Die Berge sehen nicht nur massiv aus, sie sind es auch. Doch es handelt sich um sensible Landschaften, die weltweit durch Klimaveränderungen und Tourismus bedroht sind.

Bedrohung durch Klimawandel

Ausbeutung und die damit zusammenhängende Naturzerstörung der Gebirgsregionen haben kurzfristig für viele Berglandbewohner katastrophale Folgen. Mittel- und langfristig wären aber auch die Menschen betroffen, die nicht in den Bergregionen leben. Die Alpen etwa, wichtigster Trinkwasserspeicher Mitteleuropas, sind der letzte Lebensraum vieler bedrohter Pflanzen- und Tierarten und die Heimat für 14 Millionen Menschen. Hundert Jahre geben Forscher den Gletschern in den Alpen noch, dann werden sie abgeschmolzen sein. Ihr Rückzug ist bereits in vollem Gange. Dadurch verändert sich nicht nur die Landschaft, auch unser Trinkwasser wird mit der Zeit knapp.

In den Gipfelregionen taut der *Permafrostboden*

auf. Solange die Temperaturen unter dem Gefrierpunkt liegen, wirkt das Eis wie Zement. Sobald der gefrorene Boden auftaut, wird der Zement brüchig, die Berghänge sind nicht mehr stabil. Felsstürze, Gerölllawinen und Muren sind die Folge.

Die Temperatur im Boden ist in den letzten Jahren – bis auf eine Abkühlung 1996 – im Mittel um ein Grad gestiegen.

Gefahren des Massentourismus

a) Die Schneekanonen

Für viele sind die Berge ein idealer Ort, um sich in der Natur vom Stress des Alltags zu erholen. Berge vermitteln das Gefühl von Freiheit. Der Blick von einem Alpengipfel in den wolkenlosen Himmel verscheucht die engen Gedanken, lässt durch- und aufatmen. Die Schönheit der Berge zieht Jahr für Jahr Millionen von Touristen in die ökologisch so empfindliche Region. Dank dieser Urlauber verdienen Menschen in den Bergen Geld. Doch um mit dem riesigen Ansturm der Urlauber zurechtzukommen, wird in diesen Lebensraum eingegriffen und vieles zerstört. Skilifte zerschneiden die Landschaft und erhöhen die Lawinengefahr. Wenn es nicht schneit, werden Schneekanonen eingesetzt, um künstlichen Schnee für die Skifahrer zu erzeugen. Die Natur der Bergwelt wird dadurch nachhaltig zerstört. Man bedenke: Die etwa 19 000 Schneekanonen in Österreich (Stand Februar 2013) verbrauchen pro Jahr und pro

Hektar etwa sechs Millionen Liter Wasser und insgesamt 260 000 MWh Strom. Somit verbrauchen die Schneekanonen Europas so viel Energie wie eine Stadt von 150 000 Einwohnern und so viel Wasser wie Hamburg. Dieses Wasser fehlt während der Wintermonate in den Gewässern. Forscher haben festgestellt, dass seit Einführung der Schneekanonen bis zu 70 Prozent weniger Wasser in Bächen und Flüssen der französischen Alpen fließt.

Ein Forschungsprojekt am Eidgenössischen Institut für Schnee- und Lawinenforschung (SLF) hat negative Auswirkungen von Kunstschnee auf seltenere Pflanzen aufgezeigt. Solche Arten, die typisch für feuchte und nährstoffreiche Standorte sind, würden zu Lasten anderer begünstigt. Denn Schmelzwasser von Kunstschnee enthalte deutlich mehr Mineralien und Nährstoffe als natürliches Schmelzwasser.

b) Verwüstete Strände

Ebenso sind weltweit Strände verwüstet, oft infolge von Naturkatastrophen wie Tsunamis. Doch rücksichtsloses Verhalten von Menschen verstärkt die Unordnung. Das Auftreten in großen Gruppen bewirkt, dass die Einzelnen – versteckt hinter der Maske der Anonymität – die Identität verlieren und sich bis zur Unkenntlichkeit verändern. Das animalische Unterbewusstsein übernimmt die Führung. Die Menschen sind dann unberechenbar.

Dieses Geschehen hängt mit einem Phänomen zusammen, das von vielen Denkern (am eindringlichsten vielleicht von Nietzsche und Ortega y Gasset) seit Langem vorausgesagt wurde: die Vermassung der Menschheit. An überfüllten Stränden ist das Phänomen besonders beeindruckend. Massen anstelle von Familien, Gruppen, Gemeinschaften. Zurück zum tierischen Ursprung?

Tourismus als neuzeitliches Phänomen

Wenn man es konkret miterlebt, versteht man, was gemeint war und was daraus noch werden kann. Buchstäblich nackt kann man das Phänomen an überfüllten Stränden, an Urlaubsorten erleben.[39]

Scharf, undifferenziert und trotzdem gezielt trifft Gerhard Nebel das Tourismusphänomen im Kern:

> Der abendländische Tourismus ist eine der großen nihilistischen Bewegungen, eine der großen westlichen Seuchen, die an bösartiger Wirksamkeit kaum hinter den Epidemien der Mitte und des Ostens zurückbleiben, sie aber an lautloser Heimtücke übertreffen. Die Schwärme dieser Riesenbakterien, Reisende genannt, überziehen die verschiedensten Substanzen mit dem gleichförmig schillernden

---

[39] Vgl. Hans Magnus ENZENSBERGER, *Theorie des Tourismus*. 1958. Dazu Tourismussoziologie und Tourismuspsychologie. Texte zu Theorie und Empirie. Bearbeitung durch Ingo MÖRTH u. Christian STECKENBAUER. Arbeitsskriptum für den Universitätslehrgang Tourismusmanagement an der Universität Linz.

Thomas-Cook-Schleim, so daß man schließlich zwischen Kairo und Honolulu, zwischen Taormina und Colombo nicht mehr recht unterscheiden kann.[40]

Der Text ist bösartig, gewiss, doch aus dem Ernst der Lage gesprochen. Der Tourismus öffnet Horizonte, bringt Menschen weltweit in Verbindung zueinander, belebt die Wirtschaft. Doch wurde auch früh erkannt, was er verdirbt und zerstört. Aber das Phänomen selbst wurde vielleicht noch nicht angemessen erforscht.

Den modernen Tourismus nur aus der Geschichte der bürgerlichen Gesellschaft zu verstehen, stellt natürlich einen möglichen Gesichtspunkt dar. Menschen fliehen aus der Enge der Konventionen in die Ferne, in die Natur, in eine Freiheit, die darin besteht, den Einschnürungen der industriellen Welt zu entgehen. Die Flucht ins Ungewöhnliche verbindet die Menschen, macht sie alle gleich, lässt sie zur Masse werden.

Doch langsam zeigt sich die verborgene Triebkraft. Der Massentourismus ist dort gelandet, wo er gestartet war: in der Industrie. Und da zeigt das Phänomen seine wahre Natur. Die Gier hat die Möglichkeit, naive Vorstellungen der Menschen zu kommerzialisieren. Die Menschen suchen der alltäglichen Fremdbestimmung zu entgehen und lassen sich dabei leiten und überreden von Organisationen, die über sie verfügen. Einer der ers-

---

[40] Gerhard NEBEL, *Unter Kreuzrittern und Partisanen*, 1950, zitiert nach Mörth/Steckenbauer a.a.O. (Siehe Anm. 28).

ten, die die Fruchtbarkeit des Geschäftes erblickten, war der Engländer Thomas Cook, der 1845 das erste Reisebüro gründete. Bald waren die Reisebüros Legion. Und das scheinbar widersprüchliche Phänomen prägte die Welt. Von der Logik des Nur-Geldverdienens geleitet, lassen sich die Menschen dazu manipulieren, das Gegenteil des verbal Verkündeten zu tun. Sie fliehen aus der Masse und landen in der Masse. Sie wollen Ruhe und geraten in den Lärm. Sie suchen unberührte Natur und verwandeln alles in einen Müllberg. Barcelona ist kein WC, heißt es bei einer Protestaktion gegen den Massentourismus, die selbst genauso viel zerstört wie der angeprangerte Tourismus. Menschen, die Entspannung und Erholung zu suchen vorgeben, setzen sich strapaziösen Reisewegen aus. Alles ist überfüllt. Von allem zu viel – aber kaum etwas angemessen.

Das *Übermäßige* und die *Nivellierung* prägen den Massentourismus. Alle tun es – und da, in der Masse, werden alle gleich.

Auch die Tourismuskritiker gehen in die Falle. Verbal prangern sie den Verfall an: Alarm-Berichte von überfüllten Stränden, verschmutzten Buchten, lärmerfüllten Hotels. Aber oft gestehen sie, die Abwechslung habe gut getan.

Die Menschen entscheiden nicht mehr über den Massentourismus, sondern der Massentourismus entscheidet über sie. Die Menschen haben dazu beigetragen, dass das Phänomen entstand. Nun ist es da und zwingt seine Gesetze auf.

Um den Massentourismus nachvollziehen zu können, muss bis zur ontologischen Wurzel zurückgegangen werden. Und da, in der Tiefe, findet sich die Gier, die angeborene Tendenz zur Selbstzerstörung durch Übertreibung.

Folgen der Demokratie

Im Verborgenen wirkt die fehlgeborene Idee der Demokratie. Sind alle Menschen gleich? Natürlich nicht. Aber sie werden nun gezwungen, es zu werden – zumindest äußerlich.

Garant für Wahrheit und Irrtum ist die Zahl der Stimmzettel in den Urnen. Sind aber alle Stimmberechtigten gleich urteilsfähig? Wissen diejenigen, die durch ihr Votum mitentscheiden, wirklich, worum es geht? Hitler wurde demokratisch gewählt, Franco von vielen gewollt und von der Mehrheit getragen. Als das Volk „Ja!" schrie, ahnte es kaum, dass es dem eigenen Tod zugestimmt hatte.

Zu dieser Entwicklung in die Selbstauflösung gehört auch die Demokratisierung der Wissenschaft. Enzyklopädien, Foren, Internetportale bieten jedem Bürger die Möglichkeit, sich zu Themen zu äußern, mit denen er sich nie befasst hat. Aufgrund der Anonymität kann sich jeder „Nutzer" mit Berufsbezeichnungen schmücken, die er durch Studium und Arbeit nicht erreichen konnte.

Sind im Bereich der Wissenschaft wirklich alle Menschen gleich? Natürlich nicht. Aber die Gier schafft es. Dissertationen werden auf Bestellung geliefert, Doktortitel verkauft. Durch die Hintertür der Gleichheit bietet die Gier ein neues Paradies, wo man alles haben kann, ohne etwas dafür zu tun. Das Geld macht ja das Unmögliche möglich.

Doch nicht nur die Masse ist käuflich und beliebig manipulierbar. Einsteins Warnung vor der Entwicklung der Atomforschung wurde an hoher Stelle überhört.

Massentourismus und Demokratisierung der Wissenschaft gehören paradoxerweise zusammen.

Durch den *Massentourismus* verlernen die Menschen das Reisen. Echte Offenheit der Fremde gegenüber geht verloren. Das wahrhaft Angezielte wird immer deutlicher: das Geschäft.

Durch die *Demokratisierung der Wissenschaft* kommen abhanden: die Notwendigkeit ernsten Forschens, die Verantwortung bei Studium und Ausbildung, die Bedeutung des Wissens. Es ist alles zugänglich geworden. Es genügt bei Wikipedia nachzuschauen. Wozu sich dann jahrelang mit dem Studium herumplagen? Sicher ist bei Wikipedia vieles mangelhaft, nicht selten schlicht unwahr. Aber wen interessiert das schon? Man hat sofort eine Information. Das ist die Hauptsache – und der Triumph der Oberflächlichkeit.

Kommunikation, Politik, Reisen, Wissen – alles wird banal, d.h. *vulgär*: von Vulgus, die Eigenart des Massen- und Pöbelhaften.

All diese Aspekte der neuzeitlichen Pathologie finden sich im Phänomen der medialen Kommunikation.

6. Kapitel

Krankheitsbild der Gier (2)

Zum pathologischen Charakter medialen Geschehens

Inhalt

---

1. Der Journalismus

Es gehört zur Eigenart des Zeitalters, dass die Medien, welche die Gier-Epidemie offenlegen, ihr selbst zum Opfer fallen. Die Entwicklung des Journalismus zeichnet die Entwicklung der Gier-Epidemie nach.

Definition, Anfänge, Entwicklung

Versteht man unter Journalismus „das System, in dem die Inhalte der neuzeitlichen Medien der Massenkommunikation erarbeitet und bereitgestellt werden",[41] so betritt man mit ihm den

---

[41] Vgl. Jürgen WILKE, *Journalismus*, in: EGO (europäische Geschichte online) 17.6.2013. Es gibt – je nach Gesichtspunkt – mehrere Definitionen von Journalismus. Die ange-

Raum, in dem der Zeitgeist buchstäblich zum Verkauf hergestellt wird. Alles ist zur Ware geworden, die gekauft und verkauft werden kann. Folglich geht es darum, das laufende Leben so zu verpacken, dass möglichst viele Bürger das zerstückelte Geschehen zum täglichen bzw. wöchentlichen Genuss erwerben. Geworben wird mit Bildern, Texten und Tönen. Angestrebt wird eine anziehende Aufmachung im Hinblick auf eine immer größere Verkaufszahl. Aufmachung und Quantität sind die eigentlichen „Inhalte der neuzeitlichen Medien der Massenkommunikation".

Dabei müssen wir umdenken. Mit dem Wort *Inhalt* ist nicht mehr der Begriff einer Sache gemeint, die es so präzise wie möglich zu erfassen und auszudrücken gälte. Es geht um die Verpackung. Der Zeitgeist ist fundamental oberflächlich. Journalisten sind diejenigen Zeitgenossen, die beruflich das aufgeschnittene Geschehen der Ober-Fläche verbreiten.[42]

Journalistische Schwerpunkte sind das Morbide, Bissige, Pikante, also all das, was die Neugierde der Masse anziehen kann. Der Journalismus wendet sich an die Menschen als *Masse*, die leicht beeindruckt und manipuliert werden kann.

---

führte scheint uns im Hinblick auf die hier behandelte Problematik zutreffend.

[42] Zur Unterscheidung zwischen Tiefe und Ober-Fläche vgl. José SÁNCHEZ DE MURILLO, *Durchbruch der Tiefenphänomenologie. Die Neue Vorsokratik*. Stuttgart 2002.

Geschichte des Journalismus

Die Anfänge

Trotz aller Unterschiede in der Entwicklung aufgrund von Sprachraum und politischem Geschehen lassen sich Hauptmomente in der Geschichte des Journalismus herausstellen.

Das Bedürfnis zu wissen, was andere tun, und darüber informiert zu werden, was sich in seiner Umgebung ereignet, ist vermutlich so alt wie der Mensch. Es scheint daher keineswegs abwegig, die Ursprünge der journalistischen Kommunikation auf die mythologischen Traditionen (die *Sagen* der Menschheit) zurückzuführen.

Doch der Journalismus im heutigen Sinne ist in Europa (genauer: in Frankreich) entstanden. Das Wort leitet sich vom französischen *jour* (Tag) ab, kam um 1789 während der französischen Revolution in Gebrauch, da die Meinungsbildung zu einem zentralen Phänomen des Gesellschaftslebens wurde. Von da aus ging im 19. Jahrhundert der Begriff in andere Länder über.

In England war die Berufsbezeichnung seit Beginn des 18. Jahrhunderts bekannt. Erst Ende dieses Jahrhunderts erhielt der Journalismus seine allgemeinere Bedeutung und ersetzte allmählich ältere Namen, wie z.B. in Deutschland den Ausdruck „Zeitungsschreiber". Doch die Tätigkeitsbezeichnung „Journalist" wurde vermutlich zuerst für die Urheber der ersten wissenschaftlichen Zeitschrift der Welt, des *Journal des Sçavans (später Journal des Savants)* verwendet, das 1665 in Paris herauskam. Die Auffassung jedoch, dass Journalismus eine „anglo-american invention" und ein „field of discursive production" sei, hat eher die Entwicklung seit der zweiten Hälfte des 19. Jahrhunderts vor Augen, für welche eigene Normen wie Objektivität und Neutralität von Bedeutung waren. Es gibt auch Autoren, welche die „Geburt" des Journalisten in Deutschland im 18. Jahrhundert sehen und sie in Zusammenhang mit der Aufklärung bzw. mit der Blüte des Zeitschriftenwesens bringen.[43] Wie dem auch sei: Grundlegend für die Gesamtentwicklung war die Erfindung des Buchdrucks und der Druckerpresse durch Johannes Gensfleisch, genannt Gutenberg (1400–1468), der mit der Verwendung von beweglichen Lettern ab 1450 in Mainz eine Medienrevolution in Europa auslöste.[44]

Der Journalismus entstand, um die Bürger über alltägliche Gegebenheiten in ihrer Nähe, über regionale Ereignisse und über national- und weltpolitische Vorkommnisse zu informieren. Es wäre naiver Idealismus, zu glauben, anfangs sei es den

---

[43] Vgl. zur Geschichte des Journalimus insbesondere Jürgen WILKE *Massenmedien und Journalismus in Geschichte und Gegenwart*. Bremen, 2009, und ders., *Von der frühen Zeitung zur Medialisierung*, Bremen 2011.
[44] So wurde 1997 Gutenbergs Buchdruck vom US-Magazin Time-Life zur bedeutendsten Erfindung des zweiten Jahrtausends gewählt; 1999 kürte der amerikanische Sender A&E Network den Mainzer zum „Mann des Jahrtausends".

Zeitungsschreibern neutral nur um das unparteiische Berichten gegangen. So war es eigentlich nie. Wenn die Journalisten einst von eigenen Meinungsäußerungen Abstand nahmen, so geschah dies aus Angst vor der Zensur. Die ersten Journalisten schrieben stets mit Blick auf die Obrigkeit, manchmal in erster Linie für sie.

Der Bedarf an Nachrichten wuchs mit den Entdeckungsreisen und der Ausbreitung der Handelsbeziehungen. Große Handelshäuser pflegten einen umfangreichen Briefwechsel mit ihren Niederlassungen. In Europa bildeten sich richtige Netzwerke für den Nachrichtenvertrieb. Es waren kaufmännische und politische Interessen im Spiel. Die Berichterstatter waren darin eingespannt. Von Anfang an hat es Korrespondenten gegeben, die auf die Wünsche der Mächtigen, die sie bezahlten, zu achten hatten. Der Journalist durfte keine eigene Meinung vertreten. Freilich hat es für die eigene Meinung immer Wege gegeben: Flugblätter, Pamphlete. Doch sie hatten nicht den Charakter eigentlichen Journalismus'.

Beginn der Pressefreiheit in England

Im 18. Jahrhundert wandelte sich in Europa die Rolle des Journalismus'. Die Wiege des neuen Selbstverständnisses war England. Im Jahre 1695 hatte das britische Parlament den *Licensing Act* nicht mehr verlängert. Damit war die Voraussetzung für Pressefreiheit gegeben. Eine Vorzensur von Druckwerken gab es fortan nicht mehr. Die

Zeitungen konnten zu Organen des öffentlichen Meinungskampfes werden. Dennoch blieb die Parlamentsberichterstattung auch nach 1695 noch reglementiert.

Die Freiheit hatte ihren Preis. Um unabhängig vom Geld der Mächtigen zu werden, mussten die Zeitungen mit sich selbst – mit den Nachrichten also – Geld verdienen. Die mussten interessant, pikant, provozierend sein. Allmählich entschied die Ware über die Sache. Nicht die Inhalte, sondern die Präsentation wurde maßgebend. Die Inhalte mussten sich dem Geschmack der Masse anpassen. *Wichtig war die Sensation,* die die Neugier befriedigte und Geld brachte.

Die Gier übernahm also das Kommando. Heute herrscht sie uneingeschränkt – infolge einer Entwicklung, auf die wir nun kurz zurückschauen:

Kommerzialisierung im 19. Jahrhundert. Frankreich

Eine besonders einengende Abhängigkeit erlitt die französische und ein Großteil der europäischen Presse durch Napoleon Bonaparte (1769–1821), der seine militärischen Taten in teilweise von ihm selbst verfassten *Bulletins* bekannt zu geben pflegte.[45] Sein Abgang 1815 allerdings brachte keines-

---

[45] Vgl. *Aux origines ideologiques de la Révolution, journaux et pamphlets à Rennes (1788–1789),* Textes présentés par R. DUPUY, Rennes 2000; Jean-Paul BERTAUD, *La Presse et le*

wegs eine sofortige Befreiung. Im Deutschen Bund wurde 1819 für drei Jahrzehnte erneut eine strenge Zensur verordnet („Karlsbader Beschlüsse"), und auch in Frankreich selbst führte die Rückkehr der Bourbonen-Monarchie zur Restauration. Mit der Julirevolution 1830 siegte zwar die Freiheit, aber eine neue Form von Abhängigkeit entstand.

Da die politischen Zeitungen nun aus dem Verkaufspreis finanziert werden mussten, der aber oft nicht ausreichte, wurden sie abhängig von Geldgebern, was die Berichterstattung, die Recherchen, ja die gesamte journalistische Tätigkeit beeinträchtigte.

Anzeigen konnten im 18. Jahrhundert fast nur in eigenen Organen veröffentlicht werden, etwa den *Advertisern* in England, den *Intelligenzblättern* in Deutschland und den *Affiches* in Frankreich. Erst nach der Freigabe des staatlichen Anzeigenmonopols (in Preußen erst 1850) und der Abschaffung der Anzeigensteuer (in England 1855, in Deutschland 1874) konnte sich die Presse in diesen Ländern voll kommerzialisieren. In den Vereinigten Staaten hingegen hatten Verleger schon in den 1830er Jahren die populäre Massenzeitung ("penny press") kreiert, die mit ganz anderen Inhalten aufwartete als die vorher noch dominierende Parteipresse.

---

pouvoir de Louis XIII à Napoléon Ier. Librerie académique Perrin, 2000.

Die billige Presse

Zunächst folgte man diesem Beispiel in Frankreich. 1836 erschienen zwei Zeitungen der sogenannten *presse à bon marché* (billige Presse): Émile de Girardins (1806–1881) *La Presse* und Armand Dutacqs (1810–1856) *Le Siècle*. Finanziert wurden sie vor allem durch den Anzeigenteil. Der Verkaufspreis konnte gesenkt, die Auflage erhöht werden. Die politische Meinungsbildung verlor an Gewicht, das Interesse größerer Leserkreise wurde durch den Ausbau der Kultursparte (Feuilleton) sowie durch Klatsch und Mode-Themen gewonnen. Ein neuer Typ von Journalist entstand: derjenige, der statt insgeheim ein politisches Amt anzustreben, die Erwartungen der Leserschaft zu erfüllen versuchte.

So wurde zur erfolgreichsten Zeitung Frankreichs *Le Petit Journal* (seit 1862), das nur noch halb so viel wie *La Presse* kostete. Die Vermittlung praktischer Kenntnisse, Nachrichten aus der Alltagswelt, insbesondere Vermischtes ("faits divers") sowie Romane „unter dem Strich" machten im Wesentlichen den Inhalt aus. Nach zwei Jahren wurde die Zeitung bereits in 260 000 Exemplaren gedruckt, 1887 war es eine Million, sodass in der Gründung des *Petit Journal* die Geburt des modernen Journalismus in Frankreich gesehen wird. Sie brachte auch die Reportage als neues journalistisches Genre mit literarischem Einfluss.

England

Seit den 1850er Jahren wurde die populäre Tagespresse auch in Großbritannien heimisch. Auslöser war 1855 die Aufhebung der Stempelsteuer. Es entstanden der *Daily Telegraph and Courier,* Auflage 1880 bereits 250 000 Exemplare. Weitere billige Massenzeitungen wurden um die Jahrhundertwende gegründet: *Daily Mail* (1896), *Daily Express* (1900) und *Daily Mirror* (1903). Ihre Blüte verdankten sie der Industrialisierung; die Arbeiterklasse trat als Lesepublikum hinzu.

Deutschland

In Deutschland fehlten zunächst die ökonomischen Voraussetzungen für die Kommerzialisierung der Presse. Im Gefolge der Revolution von 1848 entstand zunächst einmal eine Parteipresse. Deren Zeitungen waren Organe des Meinungsjournalismus, die Journalisten selbst häufig Parteimitglieder. Eine journalistische und eine politische Tätigkeit gingen somit oft Hand in Hand.

Die Anfänge der Massenpresse in Deutschland liegen in den 1870er Jahren. Die Zeitungen erhielten den typischen Namen „General-Anzeiger". Sie wurden vorwiegend aus Anzeigen finanziert und wollten eine breite Leserschaft gewinnen, vor allem durch Lokalberichterstattung und Verzicht auf politische und religiöse Kontroversen. Dem Unterhaltungsstoff wurde viel Platz eingeräumt. Der „General-Anzeiger" erschienen in Berlin (*Berliner Lokal-Anzeiger*) und Großstädten des Reiches. Auflagen: 100 000 bis über 200 000 Exemplare. Das war ein neues Phänomen in Deutschland.

Angloamerikanisches Konzept

Im 19. Jahrhundert entfaltete der amerikanische Journalismus seine Vorbild-Wirkung, vor allem in Großbritannien, was die Rede vom "angloamerican concept" zur Folge hatte. Später breiteten sich amerikanische Usancen im Journalismus auch in anderen europäischen Ländern aus. Im Schlagwort „Amerikanisierung" sah man einen negativen Beiklang. Eine „verspätete Modernisierung" des Journalismus in Deutschland lässt sich zu Beginn der 1880er Jahre konstatieren.[46]

Vereinheitlichung der journalistischen Einstellung

Im 21. Jahrhundert sind die Unterschiede von Land zu Land nicht wesentlich. Vielmehr offenbart das Phänomen weltweit seine Eigenart. Dazu gehören unter anderem folgende Grundzüge:

Neugierde: Den Journalismus geht – nicht das grundsätzlich Bleibende, sondern – das Neue und Vorübergehende an. „Nichts ist so alt wie die Zeitung von gestern", sagt der Volksmund. Das ober-

---

[46] Vgl. dazu die interessanten und teilweise auch amüsanten Ausführungen Mark TWAINS (1835–1910) in seiner Schrift *The Awful German Language – Die schreckliche deutsche Sprache*, 1880 (zweisprachige Ausgabe). Hamburg 2009.

flächige Geschehen von Politik und Gesellschaft verbindet den Journalisten mit seinen Lesern.

a) Gewöhnung: Die Übertragung des Alltags in die Sprachebene nimmt den Ereignissen allmählich die Schärfe und nivelliert die Leser. Beim Zeitunglesen sind alle Bürger gleich. Durch die wiederholte Offenlegung wird das Ungeheure zum Gewöhnlichen. Eine befreiende Verwandlung ergibt sich daraus, dass die Angst bis zum Stammtisch getragen und in Witzen aufgelöst wird.

b) Umtriebigkeit: Das Treiben dieser Verwandlung bestimmt das mediale Zeitalter. Alles soll zur Ware werden – ohne Rücksicht auf moralische Folgen oder psychische Schäden. Im Gegenteil: Je pikanter, unmoralischer eine Nachricht ist, umso mehr Chancen hat sie, finanziell interessant zu werden. Und dies ist eben Sinn und Ziel des epochalen Treibens: *das Geld.*

c) Gleichgültigkeit: Die Journalisten bilden eine Einheit mit den Lesern, für die sie schreiben. Doch die Vereinheitlichung wird weder von den Journalisten noch von den Lesern bewirkt, sondern vom Phänomen („das Oberflächige"), zu dem die Kaltblütigkeit gehört. Berichten war *nie objektiv.* Zuerst wurde *servilistisch* berichtet – mit Blick auf die Geldgeber. Heute stammt das Geld von der Masse der Leser – ist also eigentlich *anonym.* So werden Presse und Medien von einem Hauch geistiger Gleichgültigkeit beseelt.

Die Welt hat sich in ein riesiges Kolosseum verwandelt, in dem jeder, der eine Position bekleidet,

zum Opfer werden kann. Die Journalisten entblö-
ßen diejenigen, die geschlachtet werden sollen.
Der SPD-Politiker Björn Engholm sagte 1993 kurz
vor seinem Rücktritt infolge der „Barschel-Affäre",
er werde wöchentlich einmal geschlachtet (durch
den Spiegel) und sechsmal zerstückelt und verkauft (durch die Tagespresse).

Doch die Journalisten selbst werden, da ebenfalls Prominente, auch zerfleischt. Das Geschehen
potenziert sich durch die Medien. Diese sind Zu-
lieferer und zugleich Träger von Skandalen, nicht
selten Erfinder von Informationen, Verdreher von
Fakten. Sie decken auf, und werden selbst aufgedeckt, sie richten zugrunde und werden selbst zugrunde gerichtet. Sie leben also von dem, was sie
einerseits befriedigt, andererseits jedoch quält
und vernichtet. Sadomasochistischer Teufelskreis.

Durch den Journalismus und die Medien wird
der Kampf der Gier gegen sich selbst eigenartig
ausgetragen. Die mediale *Dichotomie* stellt die
Ambivalenz der Gier dar, die zum Leben antreibt
und zugleich tötet.

d) Korruption: Die tagtäglich weltweit geschе-
hende Aufdeckung von Korruption auf allen Ebenen des Gesellschaftslebens erreicht immer wieder
Höhepunkte, die genauso rasant überholt werden.

Diese phrenetische Aktivität gerät aus den Fu-
gen. Der mediale Aktivismus verliert die Kontrolle,
bisweilen auch das Thema. Es ist Wut pur.

Schließlich hat sich ein Phänomen verselbstständigt, das den Planeten erschüttert. Der

Schmutz wird zur Ware, welche zahlreiche Manager und Verleger sich bereichern lässt – bis auch sie (die Henker) stürzen zur allgemeinen Freude. Denn am Scheitern der Opportunisten reiben sich die bislang zu kurz Gekommenen die Hände. Als Sieger des Wettrennens geht unweigerlich das unzertrennliche Geschwisterpaar hervor: die *Gier* und der *Neid*.[47]

Aufgrund dieser Dynamik der Schlauheit hat sich nun die Gewöhnung bis zum Höhepunkt gesteigert, da die Gier zum Medium derjenigen wird, die sie von Amts wegen zu bekämpfen haben.

Pathogenetisch können wir es so ausdrücken: Es ist die Phase, da der Geist der Neuzeit seine Krankheit für die heute einzig mögliche Form von Gesundheit hält.

2. Institutionalisierung der Selbstzerstörung

In diesem Sinne ragt einer der jüngsten Skandale heraus: die Panama Papers.

---

[47] Gier und Neid werden hier primär weder moralisch noch psychologisch aufgefasst. Es handelt sich um Tiefenphänomene, welche die Mechanismen der Menschenwelt steuern. Vgl. José SÁNCHEZ DE MURILLO, *Fundamentalethik*. München 1988.

Tiefenphänomenologie des Panama-Skandals
Die Fakten

Als *Panama Papers* wird eine umfangreiche Sammlung von vertraulichen Unterlagen des panamaischen Offshore-Unternehmens Mossack Fonseca bezeichnet.[48] Es handelt sich um gewichtige Dokumente, die infolge eines Datenlecks am 3. April 2016 an die Öffentlichkeit gelangten. Sie belegen legale Strategien der Steuervermeidung, aber auch Wirtschaftsdelikte und Straftaten wie etwa Steuerhinterziehung und Geldwäsche. Zahlreiche Steueroasen mit vielen Tausenden von Briefkastenfirmen wurden enthüllt.

Es waren rund 11,5 Millionen Briefe, Gründungsurkunden, Kreditverträge, Bankauszüge aus dem Zeitraum 1977 bis 2016. Sie wurden von einem anonymen Whistleblower 2015 der *Süddeutschen Zeitung* zugespielt. Das International Consortium of Investigative Journalists (ICIJ) koordinierte die Datenauswertung und weitere Recherchen. Am dritten April 2016 präsentierten 109 Zeitungen, Fernsehstationen und Online-Medien in 76 Ländern gleichzeitig die ersten Ergebnisse.

---

[48] Offshore bedeutet *vor der Küste*. Die gemeinten Unternehmen (Banken, Versicherungen, Kanzleien) befanden sich meistens auf Inseln, außerhalb des Kontinents. Heute wird der Ausdruck juristisch aufgefasst, *außerhalb* der normalen Jurisdiktion oder gar gegen sie – doch jedem bekannt, von Regierungen geduldet.

Am neunten Mai 2016 stellte das ICIJ eine Da-
tenbank online, die Namen und Adressen von
mehr als 300 000 mit Hilfe von Mossack Fonseca
gegründeten Briefkastenfirmen und Trusts enthält
sowie die ihrer Vermittler und einiger Tausend
Anteilseigner. Die Original-Dokumente wurden
dagegen nicht veröffentlicht.[49]

Die äußere Problematik

Journalisten tun ihre Pflicht, indem sie knapp
und sachlich informieren:

> Ein Datenleck bei einem Verwalter von Briefkasten-
> firmen in Panama bringt nach Recherchen interna-
> tionaler Medien Spitzenpolitiker und Sportstars in
> Erklärungsnot. Insgesamt gehe es um 11,5 Millio-
> nen Dokumente zu 214 000 Briefkastenfirmen, die
> von einer Kanzlei aus Panama gegründet worden
> seien.[50]

Daraufhin wird auf die offengelegte moralische
und politische Problematik aufmerksam gemacht:

> Der Skandal besteht im Fall der Panama-Papiere im
> Grunde nicht darin, dass illegale Aktivitäten aufge-

---

[49] Vgl. Panama Papers (Wikipedia).
[50] Vgl. Bastian OBERMAYER, Frederik OBERMAIER, Vanessa
WORMER und Wolfgang JASCHENSKY, *Das sind die Panama
Papers*, in: Süddeutsche Zeitung. Veröffentlicht auch als
Buch bei Kiepenheuer und Witsch 2016.

deckt wurden, sondern dass diese Aktivitäten legal sind.[51]

Die Hauptfrage gilt also der Rechtslage: Darf man es? Sind diese Menschen zu weit gegangen? Haben sie sich strafbar gemacht? Die Strafbarkeit einer Handlung bemisst sich nach den geltenden gesetzlichen Bestimmungen. So sind die Menschen, welche die Begünstigungen der panamaischen Vermittlungen ausnützen, um ihr Vermögen zu vermehren, nicht eo ipso, nicht an sich strafbar, sondern nur dann, wenn sie die Vorschriften eines Rechtsstaates verletzen. Legal bedeutet nicht immer moralisch gut. Und *moralisch schlecht* bedeutet nicht immer *illegal*. Doch moralisches Handeln fällt nicht ohne Weiteres unter die Rechtspflichten der Bürger, selbst wenn Politiker nach der Entdeckung der Panama-Papiere zurücktreten mussten. Denn sie hatten bei ihrer Vorbildrolle in Bezug auf politische Verantwortung versagt.

Ihr Tun war also eigentlich nicht strafbar, aber derart in Unordnung, dass die Betroffenen gehen mussten.[52]

---

[51] Vgl. Philip FAIGLE und Karsten POLKE-MAJEWSKI (Mitarbeit von Steffen Dobbert), *Steuerhinterziehung: Warum die Panama-Papiere wichtig sind* (ZEIT-Online).

[52] Unter den betroffenen Politikern war der amtierende Präsident der Ukraine, Petro Poroschenko, der als Verfolger von Korruption angetreten war. Noch grotesker war der Fall des Ministerpräsidenten von Island, Sigmundur Davið Gunnlaugsson, der zwar zurücktrat, aber nur „ein bisschen" und

Die Innenseite

Gelegentlich wird tiefer auf das Problem eingegangen.[53] Gleich zu Beginn wird klargestellt, dass es sich bei der Panama-Enthüllung keineswegs, wie so oft, um einen Hype handelt. Diesmal handelt es sich um einen großen Fang. „Fünf Gründe, warum die Recherche über Briefkastenfirmen genauso groß ist, wie sie erscheint", heißt es im angeführten ZEIT-Artikel.[54]

Die Begründung sei nun in mehreren Schritten dargestellt.

Erster Schritt: Von der Ahnung zum Wissen

Die Überflutung von Skandalnachrichten und die Neigung zum Morbiden bewirken, dass die Menschen überall Schmutziges vermuten. „Das wussten wir doch längst", heißt es oft, wenn große Recherchen veröffentlicht werden. Doch es gibt einen Unterschied zwischen Ahnen und Wissen. Dass es Briefkastenfirmen in steuergünstigen Staaten gibt, mag *vermutet* oder gar aus Gerüchten bekannt gewesen sein. Aber wie dieses Geschäft im Detail funktioniert, konnten erstmalig die *Süddeutsche*

---

deshalb gleich von seinem Rücktritt zurücktrat. Da zeigte sich die blinde Gier unverhüllt.

[53] Zu dem Folgendem vgl. Philip FAIGLE und Karsten POLKE-MAJEWSKI (Mitarbeit von Steffen Dobbert), a.a.O. (Siehe Anm. 34.) Das rege Interesse der Leserschaft an diesem Artikel bekundet sich in 161 Kommentaren.

[54] Alle folgenden Zitate sind daraus entnommen.

Zeitung und das Internationale Konsortium für Investigativen Journalismus (ICIJ) in diesem Umfang belegen. *Wissen,* dass ein einziger Dienstleister, die panamaische Anwaltskanzlei Mossack Fonseca, mehr als 200 000 Briefkastenfirmen gründete, verwaltete und mit Scheindirektoren ausstattete, ist erstaunlich. Belegt ist nun auch, wie das Unternehmen mit Banken kommunizierte: Kanzleimitarbeiter boten Fortbildungen für Banker in Sachen Finanzrecht der Britischen Jungferninseln an, Kunden wurden unterrichtet, wie sie ihr Geld im Heimatland von Konten der Briefkastenfirmen abheben können. Es handelt sich nicht mehr um Gerüchte. Es sind nachgewiesene Fakten einer weltweit organisierten „rechtskonformen" Korruption.

Zweiter Schritt: Von punktuellen Fakten zum globalen Problem

Die Fakten spielen sich zwar in einem Land (Panama) und in einer Kanzlei (Mossack Fonseca) ab. Doch der Panama-Datenleak ist wie ein Ausgucker, von wo aus das Treiben beobachtet werden kann. Ein weltumspannendes, zum Teil legales Lügensystem tut sich auf. Verbindungen zu ähnlich korrupten Organisationen aus anderen Erdteilen werden hergestellt. Die USA zum Beispiel beschützen die eigene Steueroase Delaware. EU-Länder wie die Niederlande oder Luxemburg bieten sich als Schutzort für internationale Konzerne wie Apple oder Amazon an. Die Konsequenzen einer solchen Politik sind jetzt öffentlich. Was etwa in Russland geschieht, übersteigt die Vorstellung des Durchschnittsmenschen. Die Panama Papers seien ein Gruß Putins an Obama, wurde geäußert.[55] Die Mächtigen sind plötzlich vom Zwang zur Heuchelei entpflichtet – und nackt in die Arena geschickt worden. Die Kämpfe der gierigen Menschen sind genauso abscheulich wie einst die Zerfleischung der Gladiatoren oder wie bei den Azteken die Opferung unschuldiger Menschen in der Grube der Krokodile. Und die Welt schaut zu.

Dritter Schritt: Missbrauch der Legalität

Briefkastenfirmen sind in Panama legal. Für diese Gesetze gibt es sicher Gründe. Doch das ist nicht das Problem. Es geht auch nicht darum, dass Steuer auf legalem Weg zu umgehen straflos bleiben kann. Nicht alles, was legal ist, kann auch als gut gelten. Denn „das Betreiben von solchen Firmen ist auch keine Bagatelle, sondern eine zunehmend international geächtete Praxis". Dabei wird der Blick auf den Aspekt der Steuerhinterziehung gerichtet. „Steuerflucht entzieht dem Staat, der Gesellschaft Geld, das eigentlich für das

---

[55] US-Denkfabrik behauptet: Hinter den Panama Papers steckt Russland, in: Deutsche Wirtschafts-Nachrichten, 9.4.16. Steckt Putin hinter den „Panama Papers"?, 8.4.2016. Putin seinerseits behauptet: „Den Artikel zu all diesem hat zum ersten Mal die 'Süddeutsche Zeitung' veröffentlicht. Die 'Süddeutsche Zeitung' ist Teil einer Mediaholding, diese Holding gehört der amerikanischen Finanzgruppe Goldman Sachs." *(Hermann Krause, ARD-Studio Moskau, 14.4.2016).*

Gemeinwesen benötigt wird." Der Skandal besteht im Fall der Panama-Papiere also gerade darin, dass diese Aktivitäten legal sind.

Es gibt nicht nur Panama. Zahlreiche Steueroasen ermöglichen den Reichen, ihr Vermögen zu vermehren. Der Zustand wird von denjenigen geduldet, die dafür gewählt worden sind, für Gerechtigkeit zu sorgen. So werden die theoretisch gerechten Gesetze in der Praxis zur Tarnung des auf höchster Ebene geplanten Verbrechens.

Die Szene ist machiavellisch. Dieselben Politiker, die über die Rente von Bürgern entscheiden und deren Einkommen bis auf den Cent unter die Lupe nehmen, halten enorme Vermögen in Ländern, Inseln, Staaten, die von jeder Kontrolle ausgenommen sind.

Da fängt die Geschwulst an, sichtbar zu werden.

Doch es ist nicht normal pathologisch. Auch medizinisch stehen wir vor einem Novum. Ein System ist krank, das Menschen und Strukturen infiziert. Die Erkrankung erscheint in zahlreichen Systemen, die alle von der einen Pathologie getragen werden.

Woher kommt die krankhafte Substanz der Systeme?

Vierter Schritt: Krankhafte Natur der Systeme

Es gehe nicht um Namen, sondern um das System, betonen die Journalisten. Und es wird präzisiert mit Blick auf den russischen Musiker

Sergej Roldugin, der Putins Vermögen (über 2 Milliarden Dollar) verwalten soll:

> Putins Cellistenfreund mag von Deutschland aus betrachtet als kleine Nummer erscheinen. Aber wer umfangreiche Datenleaks danach bewertet, ob große Namen involviert sind, verkennt das Wesen des Materials. Datenmengen dieser Größe offenbaren im besten Fall nicht bloß ein paar spektakuläre Einzelfälle, sondern *ein generelles Problem.* (...) Sie zeigen erstmals, wie das System der panamaischen Briefkastenfirmen funktioniert und wie global dieses Geschäft organisiert ist. (...) Die Kanzlei Mossack hat offenbar mit allen wichtigen deutschen und internationalen Banken zusammengearbeitet, damit Vermögende aus aller Welt ihr Geld in Offshore-Firmen verstecken konnten. Es ist dieses systematische Problem, das nun aufgedeckt wurde – unabhängig davon, wie groß die Namen sind, die darin verwickelt sind.[56]

Kritik der journalistischen Kritik

Der Journalist unterscheidet zwischen *großen* und kleinen Namen.

Doch was ist *groß* und was ist klein? Auch Hitler wurde als historische Größe gefeiert. Diese Unterscheidung verrät den verborgenen Grund, der das krankhafte System trägt. Aus dem transzendentalpathologischen Blickwinkel handelt es sich dabei nicht bloß um eine Redewendung, die dem Journalisten gleichsam aus Gewohnheit herausrutscht. Unmerklich schleicht sich da die unbe-

---

[56] Philip FAIGLE und Karsten POLKE-MAJEWSKI.

wusste Anerkennung des Systems ein, das man zu kritisieren vorgibt. Das heißt: *Prinzipiell* wird derjenige als *groß* angesehen, der Geld und Macht hat. Werte spielen *tatsächlich* eine untergeordnete Rolle. Man scheut sich, den anständigen Bürger, der seine Pflicht tut, als *groß* einzustufen – eher wird er als naiv betrachtet. Nicht einmal der russische Cellist wird für würdig erachtet, als *groß*er Name eingestuft zu werden. Denn er hat die Milliarden nur verwaltet. Erst der Machthaber, der sie ergattert, gilt als *groß*.

Das Phänomen der offenen oder getarnten Bewunderung durch die Massen ist Bestandteil der politischen Entwicklung. Die Machthaber werden vom Volk gewählt, bejubelt, weil es sich mit ihnen identifiziert.

Ebenso gehören Presse und Korruption zusammen. Aufdecker und Entblößte bilden eine Einheit. Sie bedingen sich gegenseitig.

Auf diesen grundlegenden Aspekt gehen die Journalisten selten ein. Sie betonen eine andere Seite, die natürlich ihre Richtigkeit hat, aber nicht ausreicht, um das ganze Phänomen zu verstehen. So wird mit Recht betont:

> Journalisten sollen informieren. Sie sollen erklären, wie die Dinge zusammenhängen. Sie sollen aufdecken, was bekannt werden muss. Sie sollen auch Kritik üben an den Mächtigen. Journalisten sind aber *keine Richter und auch keine polizeilichen Ermittler*. Sie müssen keinen einzelnen Personen strafrechtlich relevantes Fehlverhalten nachweisen. Das ist Aufgabe der staatlichen Behörden. Wohl aber

kann eine Berichterstattung Ausgangspunkt für staatliches Handeln werden. Im Fall der Panama-Papiere geschieht das schon.

Anerkennung wird ausgesprochen:

Alle diese Wahrheiten wurden wegen des Mutes eines Whistleblowers und der Arbeit von Hunderten Journalisten ans Licht gebracht. Nun kann die Debatte beginnen: über internationale Regeln und darüber, wie solidarisch die Eliten mit dem Rest der Welt noch sind. Das allein schon hat einen Wert.

Gewiss. Die Panama Papiere haben – rein politisch gesehen – Unvorstellbares aufgedeckt. Bisherige Vermutungen sind übertroffen worden. Es ist aber noch mehr geschehen. Der Journalismus hat etwas gezeigt, das über das Politische hinausgeht. Er hat Philosophisches – einen Wesenszug des Menschen – offengelegt. Es zeigt sich, was der Mensch ist, unabhängig von dem, was er sagt.

An diesem Punkt darf die Forschung nicht den Kern des Phänomens durch die Fülle von Einzelheiten verdecken. Obwohl wir sie erleiden, scheuen wir uns vor der Konsequenz. Die Griechen meinten, der Mensch sei eigentlich Vernunft und Geist.

Das war und bleibt ein erhabener Wunsch.

Nun geht es um die Wirklichkeit: Das Wesen des Menschen ist sein Drang ins Unendliche, dessen positive Dynamik – wie eingangs des vorliegenden Buches erinnert – durch die Analyse der Sehnsucht beschrieben wurde. Die Kehrseite ist die Gier, die den Drang nach innen zieht.

Die Abgründe, die diese Sicht öffnet, haben die abendländische Philosophie von Anfang an beängstigt. Deshalb wurden sie Jahrtausende lang verdrängt.

In unserer Zeit ist die Verdrängung nicht mehr möglich. Denn der Drang ist mit der Macht unzähliger Vulkane ausgebrochen. Wir erblicken Krater überall.

Warum diese Scheu vor dem nächsten Schritt?

Halten wir das bisher Gesagte fest:
Als nachgewiesen gilt, dass

in den *Panama Papers* Namen zahlreicher Prominenter aus aller Welt enthalten sind, etwa die von 143 Politikern, darunter frühere und noch amtierende Staats- und Regierungschefs.[57]

Auch Verwandte und Vertraute hochrangiger Politiker sowie etliche, zur Transparenz verpflichtete Sportfunktionäre seien von der Veröffentlichung der Daten betroffen.

Daneben finden sich Namen von Drogenschmugglern, Terroristen sowie von Firmen, die auf Sankti-

---

[57] Vgl. *Die Panama Papers – das bisher größte Datenleak.* In: *Süddeutsche.de.* 6. April 2016. Florian Klenk, Josef Redl, *Die große Offshore-Schau,* Wien, 3. April 2016, 16; *The Power Players.* In: *International Consortium of Investigative Journalists (icij.org.)* panama papers. Politicians, Criminals and the Rogue Industry that Hides Their Cash 3. April 2016. *The Panama Papers Numbers.* In: panamapapers.icij.org. Luke Harding: Panama Papers source breaks silence over 'scale of injustices'. In: *theguardian.com.* 6. Mai 2016.

onslisten stehen. So sollen arabische Ölunterneh-
men über Offshore-Firmen Kerosin an die syrische
Regierung unter Baschar al-Assad verkauft haben,
die wegen des Bürgerkriegs in Syrien Ziel internationaler Sanktionen ist.[58]

---

[58] Aus Wikipedia deutsch, Panama Papiere, Absatz: „Bekannt gewordene Inhalte der Dokumente".

7. Kapitel

Krankheitsbild der Gier (3)

Sprung ins Unendliche

Inhalt
1. Sport
2. Das Geschäft mit dem Körper
3. Die Eroberung des Weltraumes
Schlussfolgerung

Die Umtriebigkeit der Gier beschreibt eine gut erkennbare Linie, die von außen nach innen – und von innen nach oben, ins Unendliche – geht. In den vergangenen Kapiteln haben wir sie nachzuzeichnen versucht. Der Drang richtet sich zunächst nach außen (Wälder, Meere, Berge). Danach wendet sie sich gegen sich selbst (Geist, Seele, Leib). Die Panama-Papiere stellen dabei gleichsam den *Umschlagspunkt* dar. Die Gier greift zwar die Substanz der Gesellschaftsordnung an, indem die Hüter des Gesetzes dieses für ihre persönliche Bereicherung missbrauchen. Aber das Handlungsfeld – das Geld als solches – stellt eigentlich noch eine Äußerlichkeit dar.

Nun wollen wir Bereiche aufdecken, in denen die Gier höhere Dimensionen des menschlichen Daseins ausplündert.

1. Sport

Definition

Das Wort *Sport,* seit dem 19. Jahrhundert verwendet, wurde vom Englischen entlehnt – durch Kürzung (Prokope) von *disport,* das dem Altfranzösischen entstammt und Zerstreuung, Vergnügen bedeutet.[59] In Deutschland wurde das Wort Sport von Hermann von Pückler-Muskau eingeführt.[60]

Ein eindeutiger Begriff von Sport ist kaum möglich. Denn er umfasst nicht nur verschiedene Bewegungsformen, sondern auch geistige Aktivitäten wie etwa Schachspiel. Lässt man komplizierte Klassifizierungen beiseite, so bleibt ein allgemein verständlicher Nenner.

---

[59] Siehe das Wort *disport* in: C. T. Onions, Oxford Dictionary of English Etymology, Oxford, Clarendon Press, 275; Peter Röthig (Hrsg.), Sportwissenschaftliches Lexikon. Hofmann, Schorndorf 1992.

[60] Fürst Pückler-Muskau war eine originelle Gestalt, die mit gängigen Kategorien kaum zu fassen ist. Seine meisten Schriften erschienen unter den Pseudonymen „Der Verstorbene" und „Semilasso". Unter seinem Namen wenige, wie etwa Bettine VON ARNIM / Hermann VON PÜCKLER-MUSKAU, „Die Leidenschaft ist der Schlüssel zur Welt". Briefwechsel 1832–1844, [vollständig] hg. und kommentiert von Enid und Bernhard Gajek, Stuttgart. Entre chien et loup. Briefe und Biographie 1785–1808, bearbeitet und hg. von Günter J. Vaupel, Thelem, Dresden 2005. Vgl. August Ehrhard, FÜRST PÜCKLER, *Das abenteuerreiche Leben eines Künstlers und Edelmannes.* Aus dem Französischen übersetzt von F. v. Oppeln-Bronikowski. Vorwort von Paul Ortwin Rave. Berlin 1935.

Unter Sport werden verschiedene Bewegungs-, Spiel- und Wettkampfformen verstanden, die meist im Zusammenhang mit körperlichen Tätigkeiten des Menschen stehen, die nicht einem Arbeitsprozess, Krieg o.ä dienen. Menschen, die gleichsam beruflich Sport betreiben, werden Sportler – diejenigen die Leistungssport betreiben – Athleten genannt.

Doch Sport treiben gehört zur Erziehung des Menschen, und es wird nach der Schulzeit weiterhin allgemein empfohlen.

Grundaspekte

Sportliche Betätigung führt den Menschen in eine Form der Selbsterfahrung, deren Eigentümliches die dynamische Vereinheitlichung von Geist und Leib und der Selbstüberstieg sind. Die Dualität Leib-Geist wird prozessual auf ganzheitliche Einheit hin überwunden. Das Individuum wird aus sich herausgeführt und in die Dynamik der Selbststeigerung mitgerissen. Die Bewegung selbst – Übung, Spiel – bringt den Menschen über sich hinaus, der dadurch mehr leistet als er allein je leisten könnte. Ein Lebensprinzip wird sichtbar: Erfolg ist das Ergebnis der Zusammenkunft von Arbeit und Gabe. Er ist nie allein Verdienst des Einzelnen, obwohl ohne diesen jener nicht möglich wäre.

Sport wurde gewiss nicht immer so aufgefasst. In alten Kulturen, bei denen – wie etwa bei den Mayas – Spielen ein wichtiges gesellschaftliches

Ereignis war, war Siegen das Entscheidende und hatte einen religiösen Sinn. Es ist umstritten, ob der Besiegte oder gar der Sieger den Gottheiten aufgeopfert wurden, doch Opfer fanden sicher statt.

Das Anliegen des Sports lässt sich in der Entwicklung der olympischen Idee herausstellen.

Olympische Spiele

Die ersten offiziellen Olympischen Spiele der Antike fanden vermutlich im Jahr 776 v.Chr. statt. Doch erst im frühen sechsten Jahrhundert v.Chr. gewannen die ursprünglich lokalen Wettkämpfe überregionale Bedeutung. Eine erste Siegerliste wurde von Hippias von Elis gegen Ende des fünften Jahrhunderts v.Chr. angelegt.[61]

Die Spiele fanden alle vier Jahre im Monat August statt und waren eigentlich religiöse Feste. Während der Zeit der Spiele herrschte heilige Waffenruhe, um allen Beteiligten eine sichere An- und Abreise zu gewährleisten. Die Waffenruhe galt jedoch nur den Athleten, die zu den Spielen reisen wollten. Die heiligen Stätten von Olympia durften ohnehin nicht in Waffen betreten werden, wodurch auch ein sicherer Aufenthalt garantiert war.

---

[61] So Plutarch, Numa 1,4. Vgl. Ulrich SINN, *Olympia*. In: Der Neue Pauly (DNP). Band 2, Stuttgart 1997, Sp. 1175 f. M.I. FINLEY, H.W. PLEKET, *Die Olympischen Spiele der Antike*. Tübingen 1976.

Griechische Mythen erklärten Herakles bzw. Pelops zu ihren Begründern. Am Giebel des Zeustempels von Olympia war das Wagenrennen dargestellt, in dem Pelops den König Oinomaos durch Betrug besiegt und getötet hatte. Angeblich richtete Pelops die Spiele ein, um sich von der Blutschuld am Tod des Königs zu reinigen.

Bedeutung

Die Spiele in Olympia waren das älteste der Sportfeste im alten Griechenland. Auf der Spielstätte verbanden sich Sport und Kult, Weihehandlung und Wettstreit. Diese Spiele waren in mehrfacher Hinsicht von Bedeutung. Sie dienten als politisches Forum, da sowohl das Volk als auch Diplomaten und politische Vertreter aus allen Teilen der griechischen Welt zusammenkamen. Das war für die sonst zerstrittenen Griechen wichtig.

Die Organisation der Spiele war mit viel Aufwand verbunden. Die Spieltage wurden gesellschaftlich und wirtschaftlich genutzt. Neben den Wettkämpfen gab es dann auch Theateraufführungen und Unterhaltungen wie etwa Darbietungen von Jongleuren. Das Volk hauste in einfachen Zeltstädten.

Trotz alledem waren am Anfang die Idee der Universalität, die Freude am Dabeisein, die Wir-Erfahrung nicht wirksam. Faszinierend wirkte vielmehr der Erfolg. Pindars Oden wurden für die Sieger geschrieben, die jeweils in Verbindung mit einer Gottheit gebracht wurden. Auch Manipulation durch Macht und Geld war früh am Werk. Herodes belebte durch seine Spende die Spiele und beeinflusste sie zugleich. Nero änderte das Datum, um es mit seinem persönlichen Kalender in Übereinstimmung zu bringen.

Doch der Wert der Spiele als solchem, die Idee der Universalität, der Gleichheit aller Menschen über Rassen und geographische Grenzen hinweg war im Phänomen selbst enthalten. So konnte es in diesem Sinne geöffnet und entfaltet werden. Das geschah im 19. Jahrhundert durch den französischen Baron Pierre de Coubertin (1863–1937).

Olympische Bewegung

Die moderne Olympische Bewegung gründet auf einer Philosophie, die ursprünglich auf den Pädagogen Pierre de Coubertin zurückgeht. Sie betrifft Körper, Willen und Geist, vereint Sport, Kultur und Erziehung miteinander. Werte, wie Höchstleistung, Freundschaft und Respekt, bilden die Säulen der Bewegung. Deren Grundlage ist die Olympische Idee, die sich des Sports bedient, um pädagogische und humanistische Ziele zu realisieren. Vorher hatte es – etwa durch den Australier A. Cooper, den Engländer J.A. Froude – Versuche gegeben. Doch nur Coubertin gelang es, eine internationale Bewegung zu begründen, die der olympischen Idee in einer erfolgreichen Veranstaltung dauerhaft Gestalt verlieh.[62]

Das Internationale Olympische Comité (IOC) wurde am 23. Juni 1894 von Coubertin in Paris gegründet. Die Einführung der Olympischen Spiele der Neuzeit wurde 1894 als Wiederbegründung der antiken Spiele in Olympia vom IOC beschlossen. Am Ostersonntag des Jahres 1896 (fünfter April) begannen in Athen die elftägigen Wettkämpfe.[63]

Die Olympische Idee

Diese Feste für die Jugend der ganzen Welt sollten der Entwicklung des Leibes und dem Werk moralischer Vervollkommnung, einem ‚menschlichen Frühling' dienen. In diesem Sinne verstand Coubertin die modernen Spiele religiös. Doch er verwandelte und steigerte den religiösen Charakter durch Universalität und freies Denken. Trotzdem blieb die Bestimmung: Das moderne Olympia müsse – wie im Altertum – ein „heiliger Bezirk" sein, allein dem geweihten, gereinigten Athleten vorbehalten. Ihm galt der Sportler als eine Art Priester der modernen Gesellschaft.

Adel und Elite waren für Coubertin Grundbegriffe. Aber er wollte einen Adel, der auf egalitärem Ur-

---

[62] Vgl. Die Olympische Idee, in: Universal-Lexikon – deAcademic.com http://universal_lexikon.deacademic.com/ 280723/olympische_Idee
[63] Olympic Team Austria. 19.1.2011

sprung beruht. Das Prinzip der Auslese war folglich für Coubertin mit dem Prinzip der Gleichheit verbunden, das jedem, unabhängig von Herkunft, Rasse oder sozialem Stand, gleiche Bedingungen und Bewertungskriterien garantiert. Dies zielte daraufhin, eine sportliche und moralische Elite zu ermitteln, deren tadelloses Auftreten in der Öffentlichkeit jungen Athleten als Vorbild dienen sollte.

Gleichzeitig sollte aber die Elite Vorbild für Ausdauer, Kraft und Selbstüberstieg sein – nach dem olympischen Wahlspruch *citius, altius, fortius* (schneller, höher, stärker). Rekord und Höchstleistung waren Coubertin dennoch wichtig. Zugleich jedoch betont er, *das Wichtige bei den Olympischen Spielen sei nicht der Sieg, sondern die Teilnahme.* Einige Autoren sehen darin einen Widerspruch. Wir meinen aber, der Vorrang des Dabeiseins schließt den Siegeswillen nicht aus. Das Gleichgewicht beider ist allerdings schwierig, wie die Entwicklung zeigt.

Irreführung durch die Gier

Schon bei den Griechen gab es ein ursprüngliches Verständnis von Sport. Coubertin öffnete das Phänomen und enthüllte die Idee. Doch wie die Vorgänger und Nachfolger berücksichtigte auch er die verborgene Präsenz der Gier nicht. Sicher hat man sie von Anfang an als Gefahr betrachtet. Doch eher moralisch und eigentlich oberflächlich, d.h. als etwas, das durch Vorsichtsmaßnahmen, durch Strafen usw. vermieden werden kann. Aber Gier gehört zur menschlichen Natur als potenziell negative Entwicklung des Urdranges. So lauerte sie von Beginn an und zeigte früh genug ihre Krallen. Bevorzugung von Spielern, Manipulation der Siege, Einflussnahme der Mächtigen (nachweislich bei Herodes und Nero).

Wenn nun die Gier bei den Olympischen Spielen, welche die Idee des Sports rein zu verwirklichen suchte, mitwirkte, so überrascht keineswegs die geradezu skandalöse Entwicklung in der Neuzeit. Der Sport hat sich in sein Gegenteil verwandelt: Er ist Geschäft geworden. Das Schlimmste dabei ist, dass die Gesetzgebung das große Geschäft mit dem Sport ermöglicht, an dem sich Staaten, Funktionäre und die Sportler selbst beteiligen.

Hat man einmal das Tor geöffnet, kann man den Sturm von Einbrechern nicht mehr bremsen. Die Werte verkehren sich. Und die Gier findet mühelos die Rechtfertigung für die Korruption. Schon die Tatsache, dass Sportler legal unvorstellbare Geldsummen verdienen, ist eine groteske Perversion. Die Gier begründet dadurch die Entwicklung, dass Sportler nur in jungen Jahren so hoch verdienen können, sie müssen für die darauffolgenden Jahre vorsorgen. Damit trägt die Gier zur kapitalistischen Ungleichheit bei – und dies anhand des Sports, der von der Idee her für die Förderung des Entgegengesetzten entstand. Denn mithilfe der modernen Massenmedien werden zwar immer mehr Menschen erreicht, aber die sportlichen Ideale dabei durch kommerzielle Interessen verdrängt. Das Postulat, Teilnahme sei wichtiger als der Sieg, ist angesichts der finanziellen Bedeutung eines Medaillengewinns für den einzelnen Athleten zweitrangig geworden.

Die Idee erklang noch in der Olympischen Hymne von Berlin 1936. Hier ein Auszug:

Völker! Seid des Volkes Gäste,
Kommt durchs offne Tor herein!
Friede sei dem Völkerfeste!
Ehre soll der Kampfspruch sein.
Junge Kraft will Mut beweisen,
Heißes Spiel Olympia!
Deinen Glanz in Taten preisen,
Reines Ziel: Olympia.

Text: Robert Lubahn

Doch die Gier hat dafür gesorgt, dass aus dem coubertinischen „menschlichen Frühling" nichts geworden ist. In der Welt des Sports bestimmt die Gier entschiedener als anderswo.

In Meyers Konversations-Lexikon von 1888 konnte noch gesagt werden: „Als ein wesentliches Merkmal des Sports ist endlich anzuführen, dass dessen Ausübung nicht um des Gelderwerbs wegen geschieht."[64] Heute klingt dieser Satz naiv. Es geht in erster Linie nur um Geld – und zwar nicht

---

[64]Meyers Konversations-Lexikon (1888) Eine Encyklopädie des allgemeinen Wissens. Leipzig: Bibliographisches Institut.

nur bei den professionellen Sportlern, sondern auch bei Großkonzernen, Firmen, die durch Sportausrüstung und Sportbekleidung große kommerzielle Interessen mit dem Sport verbinden. Ruhm, Einflussnahme, Image genügen nicht mehr. Es geht schlicht und einfach um Geld. So kann auf unlautere Praktiken nicht mehr verzichtet geworden. Doping ist eine davon.

Im Phänomen Sport sind entgegengesetzte Aspekte vereint.

Sport trägt zum Zusammenhalt der Gesellschaft bei, sät aber auch Zwietracht. Sport fördert die Völkerverständigung, ist aber auch für Nationalismus anfällig. Sport hält zur Fairness an, wird aber auch Anknüpfungspunkt für Gewalt.[65]

Die Gier fördert das negative Potenzial, wodurch das ganze Phänomen verdorben wird. Dies kommt heute in allen Sportarten zur Wirkung. Besonders schmerzhaft ist die Lage beim Volkssport Fußball, beim schönen Radsport und beim feinen Tennis.

Dabei ist die geistige Seite voll getroffen. Die Sportler werden von der Jugend als Idole verehrt. Dies führt aber nicht nur zum Fanatismus

---

[65] Dieter GRIMM, *Gold-Medaillen genügen*. In: Frankfurter Allgemeine Zeitung, 29. Januar 2007, 35. Vor Idealisierung warnend, heißt es weiter: „Sport leistet einen wichtigen Beitrag zur Gesundheitsvorsorge, er ist aber auch Quelle großer gesundheitlicher Schäden und ihrer sozialen Folgekosten. Da es im Sport längst nicht mehr nur um Ruhm, sondern auch um Geld geht, zieht er unlautere Praktiken an. Doping ist nur die sichtbarste."

(„Sport-Fan"); was dabei mehr oder weniger bewusst bewundert wird, ist das Geld, das sie verdienen.

Statt des ‚menschlichen Frühlings', wovon Coubertin sprach, finden wir heute den Triumph der Gier.

> Wo ist der saubere Sport geblieben? Fußball versinkt in der Korruption, Leichtathletik im Doping und Tennis im Wettbetrug. Nur drei Beispiele für die dunkle Seite des Sports, die von Renditegier getrieben wird.[66]

2. Das Geschäft mit dem Körper

Gier bohrt sich bis in die Mitte des Daseins. Das Leben ist unbezahlbar, ebenso der menschliche Körper. In unserer Zeit sind auch diese höchsten Werte Gegenstand geschäftlichen Handelns geworden.

Dass kranken Menschen durch die Einpflanzung von fremden Organen eine bessere Lebensqualität ermöglicht oder das Leben geradezu gerettet werden kann, ist eine gute Idee, die aber eine heikle Problematik in sich birgt. Grundlegend ist die Besitzfrage: Ob und inwiefern gehören die Organe, ja überhaupt der Körper, dem Menschen? Wenn Staaten sich mit dieser Problematik befassen und Ethikkommissionen stiften, so haben sie die Grundfrage positiv beantwortet, nämlich: Sein

---

[66] Thomas SCHMITT, *Sport im Sumpf. Korruption, Doping, Wettbetrug und die Geldgier.* In: Handelsblatt 19. Januar 2016.

Körper samt Organen gehöre dem Menschen, nun gehe es darum, verantwortlich und fachmännisch damit umzugehen. Eine Organspende von einem gesunden lebenden Menschen ist nicht nur mit medizinischen und ethischen Problemen verbunden, sie birgt auch die Gefahr der Kommerzialisierung.[67]

Organspende

In letzter Zeit sind Lebendspenden von Organen weltweit erheblich angestiegen.

Die Lebendspende wird nach dem TPG als ultima ratio betrachtet und zwar stets nach Hirntod.[68] Die Sache bleibt trotz aller Regelung äußerst empfindlich. Denn es wird einem gesunden Menschen ein fremdnütziger, riskanter Eingriff mit Schädigungspotenzial zugemutet. Dabei ist der Kreis der Lebendspender von nahen Blutsverwandten auf Lebenspartner sowie „andere Personen, die dem Spender in besonderer persönlicher Verbundenheit offenkundig nahe stehen", erweitert.

---

[67] Vgl. Vera KALITZKUS, *Dein Tod, mein Leben. Warum wir Organspenden richtig finden und trotzdem davor zurückschrecken.* medizinHuman, suhrkamp taschenbuch, Frankfurt 2009; Peter Krause und weitere Autoren, Organspende JA UND NEIN. Flensburger Hefte Nr.115, 2012. Ferner: Ingrid Schneider, Stellungnahme zur öffentlichen Anhörung der Enquete-Kommission „Ethik und Recht der modernen Medizin" GID(=Gen-ethischer InfoDienst, Magazin) v. 1. März 2004.

[68] So im 1997 verabschiedeten Transplantationsgesetz (TPG).

Legitimiert wird die Spende durch die Autonomie des Organspenders. Zu berücksichtigen ist auch die Tendenz, das Arzt-Patienten-Verhältnis als ein Dienstleistungsverhältnis anzusehen, in dem die Patienten als Kunden auftreten und eventuelle Schäden am eigenen Leib „selbstbestimmt" in Kauf nehmen. Der fehlende Nutzen für die organspendende Person wird teilweise durch einen postulierten psychologischen Nutzen zu ersetzen versucht, etwa indem eine Pflege-Erleichterung für Eltern oder Lebenspartner angeführt wird.

Dagegen schreibt Ingrid Schneider:

> Im Gegensatz zu solchen Bestrebungen vertrete ich die Auffassung, dass Ärzte und Ärztinnen Verantwortung für ihr Handeln übernehmen müssen und diese nicht über Autonomiekonstrukte auf die Patienten delegieren dürfen. Sie müssen die Verantwortung dafür tragen, einen gesunden Menschen durch ihren operativen Eingriff potentiell zu einem Kranken zu machen oder gar zu dessen Tod beigetragen zu haben. Statistisch erleiden drei von 100 Nierenspendern Komplikationen wie Milzverletzungen oder Nachblutungen, drei von 1000 Nierenspendern versterben an der Operation. Besonders hoch sind die Risiken bei der Spende eines Teils der Leber: Bei fast jedem zweiten Spender treten Komplikationen auf, die von Wundinfektionen, Darmverwachsungen bis hin zu beschädigten Gallengängen oder Zwerchfellergüssen reichen. Einer von 100 Spendern stirbt. Selbst wenn der Eingriff auf Veranlassung des Spenders und zum Nutzen eines dritten, schwerkranken und bedürftigen Menschen geschieht,

bleibt die Frage virulent, ob dafür ein anderer Mensch letztlich zu einem Mittel und zu einem Ersatzteillieferanten gemacht werden darf – und sich selbst dazu macht. Denn eine Entscheidungskonstellation, in der eine Lebendspende als – womöglich einzige oder letzte – Chance auf Besserung einer schweren Erkrankung erscheint, setzt alle Angehörigen in eine Art Schuldverhältnis, in dem eine verweigerte Hilfeleistung (Organentnahme) psychisch und sozial rechtfertigungsbedürftig erscheint. Eine solche Situation löst damit großen inneren Druck bei allen Beteiligten aus. Aus Untersuchungen der qualitativen Sozialforschung zu den Folgen einer Lebendspende ist bekannt, dass die Situation nach einer Lebendspende-Operation sich keineswegs als Verbesserung darstellen muss: Nach Spende und Dialysefreiheit muss eine Neuverteilung der interfamiliären Rollen stattfinden, die auch in Trennung vom Lebenspartner oder konfliktive Verstrickungen münden kann.[69]

Kommerzialisierung

Die gute Seite, die auch, wie gesagt, problematisch ist, pendelt gleichsam von selbst in die gefürchtete: die Kommerzialisierung. In der Kontroverse kommt das schwerwiegende Problem zum Vorschein: Was darf man alles machen mit dem menschlichen Körper? Autoren, wie etwa der Volkswirt Peter Oberender, fordern organisiertes Organ-Handeln mit weltweit tätigen Agenten für An- und Verkauf von Körperteilen. Auch die Gewebe eines Verstorbenen solle man behandeln wie

---

[69] A.a.O.

eine Ware, findet Oberender. Zwar habe der Tote selbst nichts mehr davon, aber womöglich seine Angehörigen. „Wie ich eine Immobilie vererben kann, kann ich auch meinen Körper vererben." Ob Angehörige dieses Erbe ausschlagen oder nutzen wollen, bleibe ihnen überlassen: „Die einen werden sagen, jetzt verkaufen wir die Leiche pauschal, die anderen werden sagen, wir verkaufen nur die Augen."[70] Dass die Kommerzialisierung von Körperteilen hierzulande verboten und international geächtet ist, hält Oberender für eine Doppelmoral. Dem Bürger werde gesagt, tue was Gutes und spende freiwillig. Aber später handelten Firmen mit dessen Knochen.[71]

Der Trend zur Lebendspende kann zu einer Kommerzialisierung des Umgangs mit menschlichen Organen führen. Der Fall von deutschen Chirurgen, die in Essen und Jena an mehreren Fällen von Organhandel beteiligt gewesen sein sollen, beschäftigte lange Zeit die Öffentlichkeit. Martina Keller hat in diesem Bereich gründlich geforscht und darauf hingewiesen, dass die überwiegende Mehrzahl der deutschen Transplanteure selbst keineswegs öffentlich rückhaltlose Aufklärung gefordert und sich ebenso wenig eindeutig

---

[70] Peter OBERENDER, *Wachstumsmarkt Gesundheit.* Konstanz. 2017, 4. komplett überarbeitete Auflage Wettbewerb im Gesundheitswesen. Berlin 2017.
[71] So kritisch wie differenziert Martina KELLER, *Leichenverwertung: Alles muss raus.* In: Frankfurter Allgemeine. Aktualisiert am 10.11.2008.

von jedem Organhandel distanziert hat.

Eigentlich ist die Grundfrage, ob Geschäfte mit dem menschlichen Körper moralisch vertretbar sind, bereits positiv entschieden. Die Enttabuisierung der Kommerzialisierung der Lebendspende ist bereits geleistet, das in der europäischen Grundrechte-Charta verankerte Nicht-Kommerzialisierungsgebot für den menschlichen Körper aufgehoben.

Der menschliche Körper wird also als eine Ware betrachtet. Genauso wie man mit einer Wohnung oder einem Grundstück spekulieren kann, so kann man mit dem Verkauf von eigenen Organen (Herz, Leber, Nieren) Projekte finanzieren. Natürlich gibt es Probleme. Manchmal kann es schief gehen. Auch Immobiliengeschäfte machen Verluste. Es geht aber hier um das Prinzip: Der menschliche Körper ist ein Gegenstand, wie andere auch.

Philosophen und Ökonomen schlagen nationale Modelle eines staatlich regulierten Organhandels vor. Man begreift als Prüderie die alte geistig geprägte Einstellung zum Körper. Das Wichtigste im Leben sei das Leben. Dazu gehört wesenhaft das Geld. Mit der Zulassung von bezahlten Lebendspendern – heißt es – könnte man eine Art Entwicklungshilfe leisten und Menschen zu einem Startkapital für eine selbstständige Existenz verhelfen. Es sei zynisch, heißt es, armen Menschen diese Chance eines Gelderwerbs vorzuenthalten.

Man kann diese Argumente als nicht stichhaltig betrachten. Denn viele Transplantationen führen keineswegs zu einer Lebensverbesserung. Doch darum geht es nicht. Es geht um die Umkehr der Denkform, um die neue Einstellung Werten gegenüber. Die neue völlig materialisierte Einstellung zum Körper war die Voraussetzung für eine entsprechende Auffassung der Medizin, der Pharmaindustrie, die Kommerzialisierung sei nicht zu verbieten, sondern nur zu regeln: Wer darf spenden und welche Organe dürfen gespendet werden? Das ist in jedem Land anders, aber grundsätzlich ist es geregelt.[72]

Demnach sind transplantierbare Organe: Niere, Leber, Herz, Lunge, Pankreas (Bauchspeicheldrüse), Dünndarm.

Transplantierbare Gewebe: Augenhornhaut, Haut, Herzklappen, Sehnen und Bänder, Knochen.

Auch für Preise gibt es Tabellen, doch der Schwarzmarkt blüht, denn oft ist Eile eine Sache von Leben und Tod. Hier eine der vielen Tabellen zur Orientierung (in Dollar):

Beide Augen	1.500 $
Schädel ohne Zähne	1.200 $
Herzarterie	1.500 $
Schulter	500 $

---

[72] Vgl. https://www.bzga.de/themenschwerpunkte/organ-gewebespende/.

Leber	157.000 $
Herz	120.000 $
Hand u. Unterarm	385 $
Magen	500 $
Milz	500 $
Liter Blut	300 $
Niere	250.000 $
Darm	2.500 $
Gallenblase	1.200 $

Theoretisch: Offiziell sind die Preise geregelt. Ärzte, Behörden, Krankenhäuser achten auf Erfüllung des Gesetzes.

In der Praxis bestimmt die Gier.

Rückblick

Wir untersuchten im ersten Teil dieser Abhandlung den Übergang vom Mittelalter zur Neuzeit, den Streit zwischen Luther und dem Augsburger Juristen Konrad Peutinger. Der Reformator argumentierte noch mit der Nächstenliebe, die es nicht zulässt, Waren zu einem höheren Preis zu verkaufen, als man dafür bezahlt hat. Es setzte sich die entgegengesetzte Auffassung durch: Es wäre schlicht und einfach dumm, nicht mehr zu verlangen als man bezahlt hat. Denn nur so komme man zu Geld, nur so könne man Kapital erwerben. Und die Gier wurde als Motor des Fortschritts lobgepriesen.

Die Erklärung des menschlichen Körpers zu einer Ware, mit der man handeln kann, ist der logische zweite große Schritt unterwegs zum großen Triumph der Gier.

Nachbemerkung

Wir haben das Thema Prostitution mit Bedacht beiseitegelassen. Natürlich gehört sie als eines der größten Geschäfte überhaupt zu unserem Thema. Aber Prostitution war immer, ist älter als die Hochkulturen. Da spielt sich eine andere Dynamik ab. Darauf einzugehen erforderte eine gesonderte Untersuchung. Deshalb belassen wir es bei diesem Hinweis.

3. Die Eroberung des Weltraumes

Die unfassliche Größe, die der Volksmund Himmel nennt, hat die Menschen immer fasziniert. Durch Astronomie und Weltraumforschung ist uns der Himmel so nahe gekommen wie es große Vorgänger der Astronomie vermutlich nie geahnt hatten. Heute kann ein gebildeter Bürger mehr vom Himmel wissen als früher geniale Entdecker wie die Pioniere Galilei, Kopernikus, Kepler.

Der Himmel ist auf Erden heimisch geworden – und bleibt trotzdem unerreichbar.

Diese neue Situation hat bereits Ergebnisse gezeitigt: 1) Vermutlich zum ersten Mal in der Geschichte geht der Mensch mit aller Selbstverständlichkeit davon aus, dass er nicht Mittelpunkt des Weltalls ist. 2) Die Abstammung des Menschen aus dem Tierreich hat an Interesse verloren. 3) In den meisten Staaten der USA darf über

Evolution nicht gesprochen werden. Sie wird negiert. 4) Nach dem Phänomen Mensch als solchem wird kritisch gefragt: War ein anderes Wesen vor ihm auf Erden? Ist der Mensch alleine im Kosmos – oder leben anderswo intelligentere Wesenheiten? 5) Da die Lage auf Erden augenscheinlich zunehmend unsicherer wird, lautet die neue Frage: Was könnte aus dem Menschen hervorgehen? Was käme nach ihm?

Der Gedanke, dass der Mensch nach Scheitern seines irdischen Daseins anderswo einen Neubeginn versuchen könnte, ist heute – auch rein wissenschaftlich gesehen – nicht mehr abwegig. Vermuten doch etwa NASA-Forscher keine lange Lebensdauer des Planeten Erde mehr. Auch die bislang eher als esoterisch betrachtete These, der Beginn der irdischen Geschichte sei durch ein Lebewesen aus anderen Himmelskörpern entstanden, gewinnt zunehmend an wissenschaftlicher Wahrscheinlichkeit. Vieles auf Erden kann anders kaum verstanden werden.

Ferner: Nachdem sich irdisch-wissenschaftliche Erklärungen von Bauwerken wie Stonehenge, Pyramiden und anderen als unzureichend erweisen, weil der Mensch dafür nicht in der Lage gewesen wäre, wird nun die Vermutung bedenkenswert, sie könnten von außerirdischen Wesen errichtet worden sein. Diese Werke setzen größere, stärkere und intelligentere Wesen als die Menschen voraus.

Diese Hypothese kann nicht mehr als billige

Esoterik abgetan werden. Die mythologischen Traditionen aus verschiedenen Kulturkreisen kommen in der Erzählung eines Falles am Anfang der Geschichte überein, der die rätselhafte Entwicklung der Menschheit erklären könnte. Der Urfall erweist sich als Verfall, der den Anfang der irdischen Geschichte aus dem Abfall aus anderen, höheren Welten darstellt.

Demnach können wir die Entwicklungslinie nachzeichnen: Von der Ehrfurcht der Anfänge über die Forschungen der Neuzeit bis zu den Weltraum-Unternehmungen der Gegenwart.

Von der Ehrfurcht

Angst und Bewunderung haben in alten Zeiten das Verhältnis des Menschen zum Kosmos gekennzeichnet. Selbst als er anfing, ein System von Kenntnissen aufzubauen, war Ehrfurcht die Grundhaltung.

Die Vorstellung war:

Im Himmel wurde gleichsam vorgedacht, was auf Erden geschehen sollte. So war es wichtig, ein Wissen vom höheren Willen zu erwerben. Oben waren die Götter, unten die Menschen. Das Obere entschied über das Untere, wurde angenommen. Deshalb war die Astronomie in antiken Kulturen grundlegend.

Dabei wurde die göttliche Welt mit menschlichen Bildern zum Ausdruck gebracht. Wie könnte der Mensch anders verfahren? Er kann über die Grenzen seiner Endlichkeit nicht springen.

Im Vergleich zu früheren Zeiten ist der Zeitgeist kritisch geworden. Es wird zwischen den Gedanken unserer Einbildungskraft und den Realitäten unterschieden, die sie wiederzugeben versuchen. Die Gedanken sind unser Werk; die Wirklichkeit entgeht uns.

Die gemeinte Wirklichkeit ist nicht geistiger Natur, es handelt sich um die physikalische Materialität unseres Universums.

Die wissenschaftliche Erforschung der Unendlichkeit

Die wissenschaftliche Forschung hat das Verhältnis des Menschen zum Kosmos auf eine neue Stufe gehoben. Ob das Universum unendlich ist, kann zwar bezweifelt – das Gegenteil jedoch auch nicht bewiesen werden. Unstreitig ist es allerdings, dass sich nun der Mensch ganz neu im Ganzen vorfindet. Dank der Erforschung des Weltraumes kommt der Mensch mit Phänomenen und Zusammenhängen in Berührung, die ihn übersteigen und ihn auf seine beschränkte Stellung im Ganzen verweisen.

Frühere Vorstellungen waren nicht so naiv, wie später behauptet wurde. Vor Ptolemäus hat es heliozentrische Auffassungen gegeben. Eine solche wurde z.B. von Aristarch von Samos (um 300 v.Chr.) vertreten, konnte sich aber nicht durchsetzen. Und die mythologischen Traditionen werden der Zentralbedeutung der Sonne und der untergeordneten Rolle des Menschen im Ganzen gerecht. Die Götter waren groß, die Menschen klein. Dieser Glaube hat sich im Wesentlichen über die Jahrhunderte gehalten.

Erst als durch Kepler, Kopernikus, Galilei vor etwa vierhundert Jahren ein neuer Horizont aufging, schlug die Denkweise allmählich um. Die Unendlichkeit des Kosmos wurde spürbar. Die Erde wird nicht mehr als Mittelpunkt betrachtet. Aber der Mensch, der das alles denkt, hält sich für die höchste Instanz.

Der Atheismus ist ein Phänomen des wissenschaftlichen Zeitalters. Die Schöpfung erkläre sich durch sich selbst, meinen viele. Indem der Mensch das Wesen ist, das zu dieser Erkenntnis der Unabhängigkeit von höheren Mächten gelangt, setzt er sich wieder in den absoluten Mittelpunkt. *Homo verus Deus:* Der Mensch sei der wahre Gott; der wissenschaftliche Fortschritt werde es zeigen.

Andere Wissenschaftler denken umgekehrt, die Entwicklung könne in die entgegengesetzte Richtung gehen, der Mensch einsichtig werden – und die Weltraumforschung eine neue Erfahrung des Geistes ermöglichen.

Unsere These hierzu lautet: Damit die Erforschung des Weltalls zu einem Neubeginn der Menschheitsgeschichte werden kann, müsste eine neue Grundform des Selbstverständnisses des Menschen und seines Verhältnisses zur Welt entstehen.

Eine neue Philosophie wäre notwendig, welche den Menschen nicht von idealen oder ideellen Kategorien, sondern von seiner tatsächlichen Realität her interpretierte; eine neue Theologie, die nicht Offenbarungen erfände, sondern die Sehnsüchte des Menschen erhellte; eine wissenschaftliche Grundhaltung, die gleichsam instinktiv und spontan die eigenen Grenzen nachzuvollziehen vermöchte.

Das ist noch nicht der Fall. Nur schüchtern tastende Versuche liegen vor, die kaum wahrgenommen werden können.[73] Denn die Gier hat sich schon eingeschlichen.

Im Sinne des alten Ungeistes ist das Verhältnis zum Kosmos erstmals als ein Geschäft entworfen worden, bei dem die Stärkeren gewinnen sollen.

Dieser Verkehrung zufolge befindet sich der Mensch mitten in jener Form des Bezugs zur Wirklichkeit, welche ihm der Besitzdrang diktiert.

Politisch-wirtschaftliche Eroberung des Kosmos: ESA, ROSKOSMOS, NASA

Staaten haben die Erforschung des Weltraumes zum Bestandteil ihres politischen und wirtschaftlichen Programms gemacht. Dabei führend sind die NASA (Vereinigte Staaten), ESA (Europa), ROSKOSMOS (Russland). China (CNSA) und Japan (JAXA) beteiligen sich ebenfalls daran. Doch auch Staaten, die noch an der Lösung von Elementar-

---

[73] Vgl. José SÁNCHEZ DE MURILLO, *Durchbruch der Tiefenphänomenologie. Die Neue Vorsokratik.* Stuttgart 2000.

problemen – wie Armut, Arbeitslosigkeit, Kriegen – laborieren, geben Geld für Weltraumprojekte aus mit Blick darauf, Anteil an der Eroberung zu haben, so etwa Brasilien (INPE), Indien (ISRO), Iran (ISA), Israel (ISA), Südkorea (KARI).

Da die Projekte letztendlich vom Prestigedenken und mit Blick auf Geld und Macht erfolgen, bewegen sich die erwähnten Institutionen auf ein und derselben Ebene. Sie werden von den gleichen Mechanismen gesteuert. Um dies exemplarisch zu illustrieren, seien zwei davon hervorgehoben.

European Space Agency – Europäische Weltraumorganisation

Sie wird von einem Ministerrat geleitet, der sich regelmäßig, wenn auch mit Abständen, trifft, um über die Richtlinien der europäischen Raumfahrtpolitik Beschlüsse zu fassen.

Bezeichnend ist die Grundhaltung. Die Mitgliedstaaten debattieren etwa über die Internationale Raumstation ISS, über andere Planeten, vor allem über den Mars, über die weitere Entwicklung und Finanzierung der europäischen Weltraumforschung.

Deutschland bietet an, das Projekt einer Weltraumstation finanziell zu fördern und betont, diese soll vereinbarungsgemäß nur Forschungszwecken dienen.

Die Debatten kreisen oft um das Geld. Die Kosten sind immens – ebenso groß der Ehrgeiz, das Weltall zu erobern. Die Astrophysiker beruhigen ihr Gewissen, indem sie sich selbst vormachen, die kostspielige Forschung werde der Menschheit zugutekommen. Das könnte natürlich sein. Wir wissen es nicht. Sicher ist dagegen, dass auf dem Planeten Erde schwerwiegende Probleme ungelöst bleiben.

Kriege werden geführt, Menschen aus ihrer Heimat vertrieben, Akademiker bekämpfen sich gegenseitig im Neidkampf um Posten in Forschung und Lehre.

Wo bleiben Vernunft und Verstand? Diese Kategorien des extrem selbstbezogenen abendländischen Denkens erweisen sich angesichts der Realität und der kosmischen Größe als zu einfach.

Bei der Weltraumforschung wird die Kluft zwischen Worten und Taten offensichtlich – als Symptom für eine Krankheit, die zum Wahn führt.

NASA (National Aeronautics and Space Administration – Nationale Aeronautik- und Raumfahrtbehörde)

Bei der amerikanischen Weltraumbehörde werden der neue Geist und sein Treiben deutlich sichtbar. Da sich der forschende Mensch mit dem erforschten Gegenstand identifiziert, nimmt das Subjekt kolossale Proportionen an. Muss sich der Erforscher der materiellen Unendlichkeit nicht auch selbst als allmächtiges Wesen fühlen? Der Mensch wächst über sich hinaus, gerade durch die Mühe der analytischen Anstrengung.[74]

Die von der Laborphysik erheblich abweichenden Bedingungen von Weltraumexperimenten werden grundsätzlich diskutiert und am Beispiel der Messung der Plasmadichte erläutert. Die behandelten Problem-Stellungen sind: Messgeräte, Messgrößen, störende Einflüsse, Experimentier-Bedingungen. Gerade durch die Erfahrung dessen, was konkrete, kleine Dinge zu bewirken vermögen, fühlt sich der Mensch als Schöpfer einer neuen Welt (der Wissenschaft), von der aus er alles zu manipulieren vermag.

*

Ziel wissenschaftlicher Weltraumforschung ist es, die physikalischen Zusammenhänge in der äußeren Atmosphäre und im Weltraum zu verstehen. Dazu ist es erforderlich, alle physikalischen Größen zu bestimmen, die dort eine Rolle spielen. Als solche Größen kommen etwa in Betracht: Feldgrößen (elektrische, magnetische, Gravitations-Felder), Materialgrößen (Plasmakomponenten, ihre Dichte, Temperatur und Energieverteilung), Einflussgrößen (Korpuskeln, elektromagnetische Wellen, Schwerewellen).

---

[74] K. RAWER, *Experimentelle Probleme physikalischer Weltraumforschung*. Arbeitsgruppe für physikalische Weltraumforschung, Freiburg (Z. Naturforschung. 21a, 1792–1797 [1966].) Festschrift für Prof. Dr. W. GENTNER zum 60. Geburtstag.

Methodisch liegt das Arbeitsgebiet zwischen Laboratoriums-Physik und Geo- bzw. Astro-Physik. Während im Laboratorium sehr häufig ein idealer Aufbau des Experiments erreicht wird, bei dem die gewünschte Messgröße unter genau definierten Bedingungen gemessen werden kann, ist das in der Geo- und Astrophysik meist nicht so. Hier gibt es störende Einflüsse und damit natürliche Veränderungen, die nicht ausgeschaltet werden können. Infolgedessen hat eine isolierte Messung häufig nur sehr geringen Aussagewert.

Eine große Zahl von Messungen unter verschiedenen Bedingungen ist erforderlich, um die verschiedenen Einflüsse zu bestimmen und repräsentative Werte zu erhalten.

Das Verhältnis der Anzahl ausgeführter Messungen zur Anzahl der bestimmten Parameter ist häufig sehr ungünstig.

Schlussfolgerung:

Die methodische Situation der Weltraumforschung bringt den Wissenschaftler also zu einer selbstkritischen Grundeinstellung. Allmählich stellt er sich darauf ein, dass alles, was auf Erden Gültigkeit beansprucht, fraglich wird, sobald man die Galaxie verlässt.

Dritter Teil
Menschen im Kampf gegen die Gier

Die Untersuchung hat ergeben:

Der Drang zum Übermäßigen ist zu einer epochalen Suchtkrankheit geworden. Diese besteht in einer einseitigen, ja abnormen Entwicklung der Wesensdynamik des Menschen.

Die schwerwiegenden Folgen der Habsucht sind ausführlich dargestellt worden.

Nun gibt es aber Traditionen und Bewegungen, welche diese Einseitigkeit zu korrigieren trachten. Ihnen wenden wir uns in diesem dritten Teil zu.

Allgemein beabsichtigen diese Lebensauffassungen, den Menschen aus der gierigen Verengung zu befreien und für die höheren, kosmischen und spirituellen Dimensionen zu öffnen. Bei einigen dieser Traditionen steht der methodische Kampf gegen die Gier ganz entschieden im Vordergrund. Dennoch werden wir feststellen müssen: Auch dort, wo man gegen sie antritt, schleicht sich die Gier ein und bestimmt schließlich das Geschehen.

Das besagt:

Der Mensch vermag zwar weder seine Natur noch den Zeitgeist zu verändern. Doch die Pflicht bleibt, zumindest eine Korrektur zu versuchen. So zwingt sich uns zum Beschluss die Frage auf: Wie könnte also der Einzelne im Hinblick auf seine eigene Gesundheit und freie Selbstverwirklichung am sinnvollsten mit der Gier umgehen?

8. Kapitel

Weltbewusstsein

Die Erforschung des Weltraumes hat keine Steigerung des Bewusstseins über irdische Angelegenheiten gebracht. Beim Sprung in die kosmische Unendlichkeit schleppt der Mensch die Enge seiner Endlichkeit mit. Man sucht keineswegs den Geist oder die Freiheit im Weltraum, sondern Prestige und Profit, also das Geschäft. Weiterhin führt die Gier.

Doch die Beengung des Zeitalters ist derart, dass die Menschen alles befragen: Stehen wir vor dem Ende einer kosmischen Epoche? Zeichnet sich vielleicht schon ab, was danach kommen könnte? Daraufhin wird versucht, die Zeichen zu deuten.

Wir wenden uns drei dieser Interpretationen zu. 1) Weltuntergang, 2) Vom Weltbewusstsein zum Homo Deus, 3) Globalisierung und Weltethos.

1. Weltuntergang? Volksglaube und wissenschaftliche Interpretation

Selbst Wissenschaftler verfallen gelegentlich der Sensationslust der Boulevardpresse, wenn sie sich zur irdischen Methodologie der Lebensbewältigung äußern. So prophezeien sie immer wieder den Weltuntergang – manchmal mit genauem Datum, das Letzte war der 5.10.2017. Ebenso wie bei früheren Prophezeiungen geschah auch da nichts.

Über diese Schwäche der Wissenschaftler, beim Tagesgeschäft mitmischen zu wollen, kann man hinwegsehen. Ernst zu nehmen sind dagegen die Mängel, welche die wissenschaftliche Analyse aufdeckt: Die Überlastung der Ökosysteme durch zu hohen Verbrauch der globalen Ressourcen bei gleichzeitiger Aufspaltung der Gesellschaft in reiche Eliten und einen armen Rest.

Nur: Die mathematisch durchgeführte Analyse der Weltsituation lässt das Entscheidende außer Acht: die Gier. Doch erst sie bringt das ganze System der Lebenserhaltung aus dem Gleichgewicht.

Die Menschheit verbraucht derzeit so viele Ressourcen, dass wir drei Erden benötigten, um diese Gier dauerhaft zu befriedigen.

Gleichzeitig geht die Schere von Arm und Reich immer mehr auseinander. Der Reichtum sammelt sich in den Händen einer kleinen Elite: Gerade mal ein Prozent (1%) der weltweiten Bevölkerung besitzt heute die Hälfte allen Reichtums. Und die 85 reichsten Menschen verfügen sogar über so viel Geld wie die gesamte ärmere Hälfte der Weltbevölkerung zusammen.

Aufzuhalten wäre der Zusammenbruch vielleicht, wenn die Weltbevölkerung sich auf ein für das Ökosystem verträgliches Maß einstellte und Ressourcen sparsam verbraucht und gleichmäßig verteilt würden.

Beides sind wohl utopische Ideen. Die Chancen, dass sie in den nächsten Jahren Realität würden, stehen wohl nicht besonders gut. Sogar die Hoffnung, irgendeine technologische Entwicklung oder ein grüner Wandel zur „Nachhaltigkeit" könne die Menschheit noch retten, zerstreuen die Forscher.

„Technologischer Fortschritt kann die Effizienz in der Ressourcen-Nutzung steigern. Aber er steigert ebenfalls den Verbrauch von Ressourcen durch diejenigen, die Kapital besitzen", heißt es.

Es sei eine kleine Elite – die gesamte westliche Welt nämlich –, welche zu viel konsumiert, nicht die Millionen armer Menschen in der Dritten Welt, die kaum nennenswerte Ressourcen verbrauchen. Gerade diese Elite ist es dann auch, welche die wirklich wirksamen Maßnahmen gegen den Zusammenbruch verhindere, um den eigenen Lebensstandard aufrechtzuerhalten.

Die Geschäftigkeit des Alltags lässt uns die Katastrophen leicht vergessen, auf die wir in dieser Untersuchung hingewiesen haben: Die Regenwälder sind abgeholzt, das Wasser vergiftet, die Meere leergefischt, die Böden ausgelaugt, die Ressourcen werden knapp, an der spanischen Küste baut man Zäune und Türme für Scharfschützen, um die verzweifelten Afrikaner daran zu hindern, Europa zu betreten. Wir leben längst in einer apokalyptischen Zeit. Als Teil der Privilegierten sind wir aber womöglich ebenso blind gegenüber der nahenden Katastrophe, wie es einige frühere Hochkulturen vor uns waren.[75]

Dahinter steckt ein psychologischer Mechanismus: Die Reichen scheinen für lange Zeit von den Auswirkungen des Zusammenbruchs nicht betroffen und reden sich daher selbst im Angesicht der Katastrophe noch ein, man könne „weitermachen wie bisher". Dies erkläre auch, warum die „historischen Zusammenbrüche von den Eliten nicht verhindert wurden, die wie blind gegenüber der nahenden Katastrophe erscheinen, am deutlichsten zu sehen im Falle der Römer und der Maya", vermuten die Forscher.

---

[75] Safa Motesharrei, Jorge Riva, Eugenia Kalnay, Human and Nature Dynamics: Modeling Inequality and Use of Resources in resources in the collapse or sustainability of societies. Elsevier 2014.

Vielen allerdings ist die Dringlichkeit einer Veränderung offensichtlich. So werden andere Wege gesucht, um der Gefahr zu entkommen.

2. Weg vom verschlossenen Egoismus

a) Weltbewusstsein[76]

Die Urbestimmung des Menschen sei, sich bis zum Göttlichen zu erheben, lautet die Überzeugung bei asiatischen (vor allem buddhistischen) Kulturen sowie bei mystischen Interpretationen des Christentums. In den Niederungen des Egoismus zu verbleiben, sei zwar allgemein, in Wirklichkeit jedoch ein Missverständnis.

Das ursprüngliche Ziel des Menschen – die Vereinigung mit dem Göttlichen – werde in einem schwierigen Prozess erreicht, in welchem der Mensch lernen muss, Instinkte und Triebe zu beherrschen. Ganz oben, auf dem Gipfel des Berges der Vollkommenheit angelangt, sei der Mensch eins mit dem Höchsten – und dadurch erst er selbst. Selbstbewusstsein als Weltbewusstsein.

Diese uralte kulturübergreifende Ansicht wird in unserer Zeit auf der Grundlage von verschiedenen Philosophien weitervermittelt. Der Bogen spannt

---

[76] Ottmar ETTE, *Weltbewusstsein: Alexander von Humboldt und das unvollendete Projekt einer anderen Moderne.* Weilerswist 2002; Oliver KOZLAREK, *Moderne als Weltbewusstsein. Ideen für eine humanistische Sozialtheorie in der globalen Moderne.* 2011.

sich von der Anthroposophie bis zur Quantenphysik.

Anthroposophische Orientierung:

Vom Entwurf Rudolf Steiners her gesehen, ergibt sich z.B. folgende Auffassung:

> Der eigentliche Schlüssel zum Verständnis der Entwicklung von Selbst- und Weltbewusstsein ist das Wissen um die Metamorphose von Wachstumskräften in Gedankenkräfte, die raumlos und zeitübergreifend sind: Der Mensch selbst kann im Zuge der Entwicklung vom Räumlichen über das Zeitliche ins Ewige der unvergänglichen Wahrheiten, die dem Denken und dem Bewusstsein zugänglich sind, gelangen. Das heißt, der zum vollen Geistbewusstsein erwachte Mensch wird einst in seinem Denken zu allem, was denkbar ist, in Beziehung getreten sein und ein dem Christusbewusstsein verwandtes Bewusstsein entwickelt haben.

> Diese Entwicklungsmöglichkeit liegt für den Menschen jedoch noch in ferner Zukunft. Sie birgt auch große Gefahren, die damit zusammenhängen, dass die Entwicklung von Selbstbewusstsein nicht instinktgeleitet und naturgegeben und damit nicht der Weisheit der Schöpferkräfte unterworfen ist. Das menschliche Bewusstsein und Leben ist deshalb permanent von Irrtümern und fehlgeleiteten Instinkten bedroht. So kann jeder Mensch in sich selbst das Drama der Freiheit erleben: Nie weiß man instinktiv und sicher, was richtig und was falsch ist, sondern man muss lernen, in jedem Augenblick und für jede Situation immer wieder neu zu prüfen und abzuwägen, was zu tun ist. Ob eine Entscheidung richtig oder falsch war, zeigt sich oft erst im Nachhinein.

> (...)

Hier liegt der markante Unterschied zwischen Mensch und Tier: Wohl entwickeln Tiere auch Bewusstsein, jedoch kein Selbstbewusstsein. Sie können die beim Heranwachsen frei werdenden Wachstumskräfte nicht für eigene Gedankentätigkeit nützen. Ihre Bewusstseinsinhalte und ihre körperlichen Funktionen wie Fressen, Schlafen und die Fortpflanzung unterliegen dem naturgegebenen Instinkt, der sich einer bewussten, individuellen Kontrolle entzieht. Ihre Intelligenz bleibt also leibgebunden und steht, wenn das Tier ausgewachsen ist, als voll ausgebildeter Instinkt zur Verfügung, der auch die Seele des Tieres weisheitsvoll erfüllt. Beim Menschen emanzipiert sich die Intelligenz schon vor der Geschlechtsreife sukzessive vom Körper und verwandelt sich in frei handhabbare Gedankenkraft. Der menschliche Körper ist im Unterschied zum Körper der Tiere nur „halbfertig".[77]

b) Galaktisches Bewusstsein. Der Panpsychismus

Der europäische Satellit Hipparcos hat Millionen von Sternen kartiert. Dabei scheinen die Sterne ihre eigene Flugbahn zu steuern – ohne Beeinflussung von außen. Daraus schlussfolgern einige Wissenschaftler: Die Himmelskörper haben ihren eigenen Willen.[78] Das würde die Ansicht der „Pan-

---

[77] Michaela GLÖCKLER, *Entwicklung von Selbst- und Weltbewusstsein.* In: Lebensthemen. Vgl. Rudolf Steiner, Ita Wegman, *Grundlegendes für eine Erweiterung der Heilkunst.* GA 27, 1. Kapitel.

[78] Gregory MATLOFF, *Jeder Stern, ja die gesamte Galaxie könnte ein Bewusstsein haben.* New York City College of Technology, 2017.

psychisten" bestätigen, wonach Dinge ohne Hirn auch ein Bewusstsein haben können.

Bisher wurde der Panpsychismus in der akademischen Welt kaum ernst genommen. Inzwischen ist er jedoch für viele eine ernst zu nehmende Ansicht.

Befürworter dieser Auffassung berufen sich auf den Sowjetischen Astronomen Pavel Parenago (1906–1960). Er entdeckte, dass kühlere Sterne mehr Moleküle beherbergen und folglich schneller um das Zentrum unserer Galaxie kreisen.

Die kleinen Sterne sind schneller, weil sie ihre Moleküle ausstoßen. Ein riesiger Strahl entsteht, der Schub gibt. Ein Ausstoß kann die eigene Geschwindigkeit um 20 km/s erhöhen. Das sind 72 000 km/h.

Die Sonne dagegen sei, so die Panpsychisten weiter, viel zu heiß, um einen eigenen Willen zu haben. Denn selbst in ihrer äußersten Sphäre herrschen zu hohe Temperaturen, als dass dort genügend Moleküle überleben könnten. Und die wären ja nötig, um die eigene Position mit Megastrahl verändern zu können.

Existiert wirklich dieses Sternen- oder Galaxiebewusstsein oder ist es nur ein astronomischer Traum?[79]

---

[79] Vgl. Olaf MÜLLER, *Unsere Galaxie handelt eventuell bewusst*. Interview mit Olaf Müller, veröffentlicht von Joël Wille, am 22.9.2017.

Die Panpsychisten, wozu unter anderem die Buddhisten gehören, schreiben allen Dingen, sogar Atomen und Kleinstlebewesen, ein Bewusstsein zu. Sie ziehen keine scharfen Grenzen zwischen Menschen und dem Rest der Natur. Man darf natürlich nicht vereinfachen. Für ein Bewusstsein reicht es nicht, dass sich ein Ding beschleunigt. Eine aus ihrem Innern selbstverursachte *Richtungsänderung* dagegen könnte für gezieltes Verhalten bei Sternen sprechen.

Doch die Idee, dass Sterne sich überhaupt unterschiedlich bewegen, ebnet den Weg für Unfug. Vielleicht verändern Sterne ja ihre Flugbahn, um durcheinandergewirbelte Strukturen in der Galaxie wiederherzustellen. Denn trotz gigantischer Verwerfungen schafft unsere Galaxie, die Milchstraße, es irgendwie, ihre Spiralstruktur zu erhalten.

Wenn sich die Galaxie selbst ordnet, dann kann man vielleicht sagen, sie habe einen Plan. Nun: Pläne haben doch nur bewusste Wesen. Man kann aber einem Wesen erst dann einen Plan zuschreiben, wenn es sinnvoll auf *Umwelteinflüsse reagiert.*

Die Frage bleibt also offen. Die Forscher sind auf die Aufnahmen des Satelliten Gaia gespannt, die im April 2018 veröffentlicht werden. Dabei wird eine Karte von rund einer Milliarde Sterne enthalten sein. Wenn sich also bestätigt, dass unsere Galaxie einen Plan hat, verhält sie sich wirklich wie ein Bewusstsein.

Was würde das bedeuten, wenn man weiterdenkt? *Sind etwa auch wir nur Teil des viel größeren Plans, den die Galaxie verfolgt,* fragen sich Panpsychisten und berufen sich auf renommierte Physiker.

Es ist fraglich, ob die Bezeichnung Panpsychisten auf Wissenschaftler wie Erwin *Schrödinger* oder Hans-Peter *Dürr* zutrifft. Aber es steht außer Zweifel, dass sie den Kosmos als eine lebendige und im Grunde geistige Einheit sahen, zu der sich der Mensch über seine egoistische Individualität hinaus öffnen soll.

Erwin Schrödinger (1887–1961):

> Ein rein verstandesmäßiges Weltbild ganz ohne Mystik ist ein Unding. (...) Der Grund dafür, dass unser fühlendes, wahrnehmendes und denkendes Ich in unserem naturwissenschaftlichen Weltbild nirgends auftritt, kann leicht in fünf Worten ausgedrückt werden: Es ist selbst dieses Weltbild. Es ist mit dem Ganzen identisch und kann deshalb nicht als ein Teil darin enthalten sein. [...] Bewusstsein gibt es seiner Natur nach nur in der Einzahl. Ich möchte sagen: Die Gesamtzahl aller ,Bewusstheiten' ist immer bloß ,eins'.

Hans-Peter Dürr (1929–2014):

> Es gibt keine Materie! Was hält die Welt im Innersten zusammen? Was steckt eigentlich hinter der Materie? Dürr spaltete sie in immer kleinere Teile in der Hoffnung, irgendwann auf das Wesentliche zu stoßen. Doch nach 50 Jahren Forschung kam er zu dem verblüffenden Ergebnis: „Das Wesentliche liegt nicht in der Materie, sondern die gibt es eigentlich

gar nicht. Was wir für Materie halten, ist in Wirklichkeit Bewusstsein.[80]

Doch schleicht sich in diese Fragestellung nicht unmerklich der Drang, die Grenzen der Endlichkeit zu sprengen? Kann der Mensch nicht akzeptieren, dass ihm aufgrund seiner naturgegebenen Begrenzung kosmische Zusammenhänge entgehen? Unmerklich und mitten in der besten Absicht verborgen ist Gier schon wieder am Werk.

Der nächste Schritt des gierigen Erkenntnisdranges führt zur Verdinglichung des Weltbewusstseins. So soll das Ganze handlich werden. Man versucht es experimentell zu beweisen.

c) Das globale Bewusstsein

Es gibt ein Welt-Bewusstsein ... und es ist messbar, wird nun behauptet. Bei emotional starken Ereignissen von globaler Bedeutung können Psychologen – wie etwa der US-Amerikaner Roger Nelson – auf Messgeräten verstärkte Ausschläge registrieren. Daraus wird abgeleitet: Es gibt ein globales Bewusstsein, das mehr bewirkt, als wir gemeinhin annehmen.[81]

Die Erkenntnisse der Quantenphysik, meint Eva Rosenfelder, haben die Wissenschaft in ihren Grundfesten erschüttert, aber den Mainstream

---

[80] Vortrag *Die Welt als bewusste Verbundenheit* (2009 in Wolfsburg).

[81] Roger NELSON, *Das bewusste Universum*, Princeton University 2013.

noch nicht erreicht.[82] Ein Beispiel dafür finden die Bewusstseinstheoretiker in der Informationsempfindlichkeit der Materie. Im erwähnten wissenschaftlichen Projekt (Global Consciousness Project, 1997, Princeton University, USA) wurde der Einfluss von Bewusstsein auf Materie untersucht. Roger Nelson und sein Team konnten zeigen, dass der Mensch in der Lage ist, das Ergebnis von Zufallsprozessen willentlich durch Konzentration zu beeinflussen. Seither untersucht Nelson auch die Auswirkungen von Großereignissen auf das Massenbewusstsein. Ziel ist die Erforschung des globalen Bewusstseins. Zu diesem Zweck wurde ein weltweites Netz identischer Generatoren von Zufallszahlen eingerichtet. Seit über zehn Jahren erfassen die Wissenschaftler die Daten und werten die Abweichungen von den zu erwartenden Ergebnissen aus.

Gemeinsame Emotionen erzeugen Felder. Bei der Datenauswertung stellt man immer wieder fest, dass sich die Zufallszahlen verändern und Gemeinsamkeiten aufzeigen, wenn viele Menschen gemeinsame Emotionen haben. Diese starken Emotionen scheinen eine Art kollektives Feld zu bilden, das wiederum eine Wirkung, u.a. auch auf die Zufallsgeneratoren erzeugt. Besonders auffällig zeigt sich das bei öffentlichen Tragödien, Terrorattacken, Erdbeben – aber auch bei erfreulichen

---

[82] Eva ROSENFELDER, *Es gibt ein Weltbewusstsein.* Zeitpunkt 131, 66.

oder kraftvollen Anlässen wie Pilgerfahrten, schamanischen Ritualen, bei Aufenthalt an heiligen Orten, bei der Wahl des neuen Papstes oder bei der Heirat einer Prinzessin ... Offensichtlich aber verursachen Mitleid und Mitgefühl den stärksten Effekt, wie die Daten zeigen. Besonders große Ausschläge gab es am 11. September und bei der Katastrophe von Fukushima. Die über mehr als ein Jahrzehnt gesammelten Ergebnisse deuten gemäß Nelson tatsächlich auf ein globales Bewusstsein. Und dies, obwohl es sehr schwierig sei, aus der riesigen Menge von Störsignalen diese dünnen Signale herauszufiltern. Dabei ist Nelsons leitende Vorstellung, *dass wir alle die* „Neuronen" *eines Riesenhirns sind,* das erst jetzt langsam zu erwachen beginnt. Sein Versuch sei eine Art „Elektro-Gaiagramm", welches das Bewusstsein der Erde widerspiegle, dem wir alle als Bewusstseinsteilchen angehörten. Man könne sich diese als „Quantenfelder von Wahrnehmungen" vorstellen, als „nicht lokalisiertes Bewusstsein", das sich in die Welt ausdehne. Durch die Berührung verschiedener Wahrnehmungen entstehe etwas Neues, gemeinsam würden so die Effekte verstärkt.

Das wäre regelrecht eine, wenn auch vielleicht zu einfach formulierte, bewusste Evolution. Wenn Millionen von Menschen betroffen sind, reagiert unser System besonders stark. Wir geben dabei einen Teil unserer isolierenden Individualität auf und werden Teil des kollektiv zusammenwirkenden Feldes, ähnlich wie bei den Neuronen im Gehirn, durch deren Interaktion dann ein Bewusstsein entstehe. Oder etwa wie ein Starenschwarm, der sich als „Schwarmwesen" in wandelnden Formen über den Himmel bewegt, mal als Riesenfisch, dann wieder als Spiralwirbel: Zwar gibt es den einzelnen Star noch, doch in seinem Bewusstsein ist er nur noch Schwarm ...

Vielleicht ist das Zeitalter der Nationen wirklich vorbei und es geht darum, ein globales Bewusstsein zu schaffen. Die sich entflammende Volkswut in verschiedensten Teilen der Erde weist darauf hin, dass ein Bewusstsein für mehr Gerechtigkeit kollektiv den Weg sucht, sich zu befreien von Machtgier und Zerstörung, vom Zwang verkrusteter Muster ... Als einzelne Menschen können wir vielleicht nicht wirklich wissen, wohin wir uns entwickeln sollen, sondern müssen uns dem „großen Gehirn" anvertrauen – ähnlich den Neuronen im menschlichen Gehirn: Sie sind an sich unintelligente Individuen und erst durch das komplexe Zusammenwirken der Milliarden von Neuronen ergeben sie das, was wir unter menschlicher Intelligenz verstehen.

Das Global Consciousness Projekt gebe klare Hinweise, dass wir miteinander verbunden sind, sagt Nelson –, und zwar nicht nur durch Handy, Computer und Internet, die aus seiner Sicht als Vorbereitung auf einen größeren Entwicklungsschritt angesehen werden könnten. Was wäre, wenn wir uns dieser Verbindung wirklich bewusst würden? Globales Bewusstsein ist in der Lage, eine bewusste Evolution auszulösen, sobald wir uns dafür entscheiden. Erschaffen wir also durch kollektives Gruppenbewusstsein unsere jetzige Welt? Und könnten wir durch unsere Verbindungen miteinander auch grundlegend positive Veränderungen in der Welt bewirken? Dies wäre in einem Experiment des gemeinsamen kollektiven Wandels zu testen ... Das von Project bezweckt, kohärente, globale Bewusstseinsfelder nachzuweisen. Von Alaska bis zu den Fidschi-Inseln gibt es weltweit 65 Zufallsgeneratoren. Bei globalen Ereignissen wurde eine signifikante Abweichung von der Normalverteilung festgestellt.

Kritik

Kritiker, bemerkt Rosenfelder, werfen Nelson eine unvollständige Statistik vor, bei der Vergleichsmöglichkeiten mit Normalereignissen zu kurz kommen.

Doch eine solche Kritik stimmt eigentlich der Grundauffassung zu, wirft dem Projekt nur eine leicht zu behebende statistische Unvollständigkeit vor.

Es läge nahe, in diesen panpsychistischen Überlegungen eine Popularisierung der Vision von Teilhard de Chardin zu sehen, welche die Natur- und Menschheitsgeschichte als einen evolutiven Prozess zum Punkt Omega hin vorstellt. Dieses Endziel wäre nach Teilhard der auferstandene, unvergängliche Christus, der alles in sich aufnehmen und versöhnen wird.

Teilhards Vision lagen langjährige paläontologische Forschungen zugrunde. Von theologischer Seite wurde ihm eine immanent-irdische Interpretation der christlichen Eschatologie vorgeworfen, die ein übernatürliches Geschehen, ein wesenhaft gnadenhaftes Ereignis – keineswegs Ergebnis einer innerweltlichen Evolution – sein soll.

Aus unserer Sicht jedoch zeigt sich, dass auch hier unter dem Mantel der Wissenschaftlichkeit die Gier bestimmt. Die erörterten Weltbewusstseinstheorien kommen darin überein, die Urbestimmung des Menschen in seiner Vereinigung mit Gott, also in einem übernatürlichen Zustand zu sehen. Der Mensch gibt sich nicht zufrieden, einfach Mensch zu sein. Er sei noch nicht bei sich, heißt es, sondern unterwegs zu sich. Dem kann und muss zugestimmt werden. Gewiss. Die menschliche Zerrissenheit ist offensichtlich. Dass aber der Mensch nur zu sich käme, indem er Gott würde, ist eine Schlussfolgerung, die eben auf die Zerrissenheit eines Wesens zurückgeht, das nicht bei sich ist und vielleicht nicht bei sich sein kann, weil es sich selbst zu wenig ist. Nur wenn er alles könnte und alles hätte, wäre der Mensch zufrieden. In dieser Sehnsucht kommen Denker wie Nietzsche, Schopenhauer, Camus und die Mystiker überein.

Die Tragweite dieser Feststellung sieht man, wenn man dabei bedenkt, dass es sich um eine tiefenphänomenologische Unzufriedenheit handelt. Wäre dann die Idee von Mensch überhaupt denkbar? Entsteht der Mensch, ist die Negation seiner selbst eo ipso im Wesen mitgegeben.

So ist der nächste Schritt, dem wir uns nun zuwenden, eigentlich keine Revolution, sondern eben ein Schritt weiter auf der gleichen Linie. Erwacht und seht, ihr seid schon am Ziel angekommen!

Wir hörten bereits:
Zu Beginn der industriellen Revolution bestimmte der Slogan:
Ohne Gier kein Fortschritt! Und das Geld übernahm das Kommando.

Nun heißt es:
Der Mensch ist Gott! – braucht also nicht mehr bloß Supermensch zu werden, wie Nietzsche wünschte.
Gott wäre also nicht tot. Vielmehr finge er erst jetzt an zu leben. Doch nicht durch Jesus von Nazareth, sondern durch den Menschen als solchen.

d) *Homo Deus*

Zwei Bücher. Ein Autor. Ein Ziel.

In seinem Kultbuch *Eine kurze Geschichte der Menschheit* (2013) erklärte Yuval Noah Harari, wie unsere Spezies die Erde erobern konnte. In *Homo Deus* (2017) stößt er vor in eine noch verborgene Welt: die Zukunft. Hier erzählt er nämlich „eine Geschichte von morgen". Was wird mit uns und unserem Planeten passieren, wenn die neuen Technologien dem Menschen gottgleiche Fähigkeiten verleihen – schöpferische wie zerstörerische – und das Leben selbst auf eine völlig neue Stufe der Evolution heben? Wie wird es dem Homo Sapiens ergehen, wenn er einen technikverstärkten Homo Deus erschafft, der sich vom heutigen Menschen deutlicher unterscheidet als dieser vom Neandertaler? Was bleibt von uns und der modernen Religion des Humanismus, wenn wir Maschinen konstruieren, die alles besser können als wir? In unserer Gier nach Gesundheit, Glück und Macht könnten wir uns ganz allmählich so weit verändern, bis wir schließlich keine Menschen mehr sind.

Bei der Interpretation des Ausdrucks *Homo Deus,* den der israelische Historiker der Weltöffentlichkeit angeboten hat, kommt es natürlich darauf an, was man unter Gott versteht. Und Gott wird in jeder Kultur, in jeder Epoche anders verstanden. Wie sonst? Das biblische Gottesbild sowie der philosophische Grundentwurf der Griechen entsprachen je anderen Selbsterfahrungen des Menschen. Entscheidend ist es ebenso, wie Harari das Zeitalter versteht. Vorsicht ist geboten. Gerade die Tatsache, dass sich das Buch so schnell verbreitet hat, könnte in die entgegengesetzte Richtung gedeutet werden. Denn für Sensationsmeldungen ist leicht ein großes Publikum zu gewinnen.

Doch die These des israelischen Historikers ist nichtsdestoweniger reizvoll, ja verführerisch.[83]

Die Zukunft scheint gestaltbar wie nie zuvor zu sein, selbst wenn man natürlich einen unvorhergesehenen Umschlag nicht ausschließen kann. Doch die Zukunft zeichnet sich schon in der Gegenwart ab. Unsere Gegenwart sei ganz anders als in früheren Epochen. Krieg wird immer seltener, meint Harari, es sei wahrscheinlicher, durch Selbstmord zu sterben als in einem Krieg, es gebe mehr dicke Menschen als hungernde, der Tod werde immer mehr zu einem technischen Problem, das es zu beheben gelte. Künstliche Intelligenz werde über den Arbeitsmarkt entscheiden, dein Smartphone kenne dich besser als du dich selbst. Und so weiter.

---

[83] Vgl. Yuval Noah HARARI, *Homo Deus. Eine Geschichte von morgen.* München 2017. Dazu Adrian LOBE, *Ist die Menschheit bald am Ende ... oder braucht es eine neue humane Erzählung?* DIE ZEIT, 10. April 2017.

Obwohl der Autor alltäglich gewordene Tatsachen nennt, fällt es nicht immer leicht, ihm zu folgen. Man könnte bei jedem Punkt genau das Gegenteil betonen. Selten hat es so viele Kriege gleichzeitig gegeben, noch nie war die Menschheit so nah an der Selbstzerstörung wie heute, und so weiter.

Doch worauf Harari hinaus will, wird jedem Leser klar. Ungeahnte Möglichkeiten öffnen sich vor uns, eine neue Welt geht auf.

Das revolutionäre Potenzial der Technologie ist offensichtlich. Doch eine ebenso radikale Veränderung in der Rollenverteilung ist festzustellen. Denkern und Politikern sind kreative Einfälle ausgegangen bzw. sie würden kaum wahrgenommen werden, wenn sie welche (also echte Gedanken) hätten. Stattdessen entwerfen Investoren Gesellschaftsutopien auf Erden und im Weltall. Nach Tesla-Gründer Elon Musk soll künftig das Gehirn mit Computern vernetzt werden. Denn wenn der Mensch sich nicht bald langfristig zum Cyborg aufrüste, werde er inmitten der künstlichen Umgebungsintelligenz überflüssig.

Im Horizont dieser rätselhaften historischen Situation ist Hararis Hybris in *Homo Deus* zu verstehen. Er vereinfacht schwindelerregend, macht jedem verständlich, was eigentlich (zumindest noch) unverständlich ist. Der Mensch, so Harari, avanciere in einem Prozess wachsender Selbstermächtigung zum Homo Deus und das neue Glau-

benssystem des Dataismus löse die humanisti-
schen Größen Individualismus, Seele, freier Wille
ab. Durch die rasante Entwicklung der Technik
droht der Mensch obsolet zu werden. Die Technik
ist die Ursache dafür, dass der Mensch zur Dispo-
sition steht.

Harari sieht die Geschichte der Menschheit als
eine Geschichte des zunehmenden Kontrollge-
winns. Hunger, Dürren, Naturkatastrophen – globale Risiken seien heute beherrschbar geworden.
Die Moderne sei wie eine „extrem komplizierte
Übereinkunft", bei der kaum jemand versteht, was
er eigentlich unterschrieben habe.

> Es ist ein bisschen so, wie wenn man eine Software
> herunterlädt und gebeten wird, einen beigefügten
> Lizenzvertrag zu unterzeichnen, der aus Dutzenden
> von Seiten in schönstem Juristendeutsch besteht;
> man wirft einen kurzen Blick darauf, scrollt dann
> bis ans Ende des Dokuments, macht ein Häkchen
> bei ‚ich stimme zu' und hat das Ganze schon gleich
> wieder vergessen.

Der moderne Pakt ließe sich in dem Satz zusam-
menfassen: „Die Menschen stimmen zu, auf Sinn
zu verzichten, und erhalten im Gegenzug Macht."
Man kann es allerdings genau umgekehrt sehen.
Im Zeitalter der Automatisierung verliert der
Mensch zunehmend die Kontrolle, die Macht, den
Sinn, den Überblick. Wir delegieren Entscheidungen an Algorithmen, ob bei der Navigation, auf
den Terminbörsen oder beim Drohnenkrieg.

Es handelt sich um eine brillante Darstellung,
bei der die historische Genauigkeit und die Strin-

genz des Gedankens eine sekundäre Rolle spielen. Der Autor will beeindrucken, provozieren, um sein Buch zu verkaufen. Was ihm auch gelungen ist. Es sind über eine Million Exemplare verkauft worden. Es geht also letztlich um Geld. Die Gier ist allgegenwärtig.

Homo deus (klein geschrieben) beschreibt die Welt der Ober-Fläche. Da geht es eigentlich um nichts – nur eben um das ‚Es-geht‘, um das ‚Es-gelingt‘. Der Erfolg rechtfertigt alles. Er ist der Zweck an sich.

Die Struktur des Buches ist im Grunde einfach, um nicht zu sagen simpel. Angetan von dem, was die Technik zustande bringt, projiziert der Autor die Entwicklung in die Zukunft und potenziert die Möglichkeiten. Wenn es der Wissenschaft gelungen ist, es bis zum Roboter zu bringen, der genauer als die Menschen Feinarbeiten wie Operationen durchzuführen vermag, warum soll es ihm nicht gelingen, die Krankheiten, ja den Tod zu beseitigen? Dieser Wunsch ist sicher nicht neu. Die Menschen wollten schon immer unsterblich werden. Prometheus hat es oft in der Geschichte gegeben. Sogar des nüchternen Descartes' Grundanliegen war, die Krankheiten, mithin den Tod, zu besiegen – und er starb dann selbst an einer Mischung aus Tabak und Wein, mit der er eine Erkältung zu heilen beabsichtigte. Doch Descartes hatte höhere Dimensionen vor Augen. Dagegen sind heute Sinnfragen kaum mehr von Bedeutung. Die Technik hat sie abgelöst.

Der Mensch im technischen Rausch! Trunken im digitalen Labyrinth entwickelt er in seiner Phantasie eine Zukunft, die gewiss eintreten kann – oder auch nicht. Es kann ganz anders kommen, als die technische Wissenschaft meint. Es kann schlagartig oder langsam ins Gegenteil umschlagen. Überdies geht es nicht primär darum, wie gut wir in Zukunft leben könnten, sondern darum, dass wir *in unserem Heute und Hier* gut leben. Genügen dafür Geld und Technik? Für manche vielleicht, für andere kaum.

Homo Deus vereinfacht in beide Richtungen: Vergangenheit und Zukunft. Ein Beispiel zur Vereinfachung der Vergangenheit:

> Damals im Sommer 1914 war die Menschheit auf der liberalen Schnellstraße unterwegs, als sie eine falsche Abzweigung nahm und in einer Sackgasse landete. Es bedurfte dann acht Jahrzehnte und zweier verheerender globaler Kriege, um wieder den Weg zurück auf die richtige Straße zu finden.

Erstaunlich, dass ein Historiker es so sehen kann. Aber viele Leser sind vermutlich dankbar, auf diese Weise historische Ereignisse irgendwie einordnen zu können.

Auch im Hinblick auf die Zukunft hat der Autor die Gabe durch Vereinfachung zu reizen. So etwa:

> Im 21. Jahrhundert werden wir wirkmächtigere Fiktionen und totalitärere Religionen als jemals zuvor schaffen. Mit Hilfe von Biotechnologie und Computeralgorithmen werden diese Religionen nicht nur jede Minute unseres Daseins kontrollieren, sondern auch in der Lage sein, unseren Körper, unser Ge-

hirn und unseren Geist zu verändern und durch virtuelle Welten zu erschaffen.

Erstaunlich auch hier, dass der Autor es so genau weiß. Jedenfalls finden viele Leser die Vorstellung bedrückend. Denn vielleicht kommt es so – oder vielleicht nicht.

Harari spricht von der „großen Entkopplung". Das Individuum werde zu einem Chip in einem Computernetz, Intelligenz löse sich vom Bewusstsein, die Umgebungsintelligenz ist voller Maschinen, die zwar supersmart sind, aber dafür kein Bewusstsein haben – seelenlose Automaten ohne Gewissen. Freie Märkte und Wahlen gründen auf der Annahme, dass der Mensch ein autonomes Wesen ist. Er kann selbst entscheiden, welches Produkt oder welche Partei er wählen möchte. Doch durch die Biowissenschaft werden diese Prämissen infrage gestellt.

Die These ist also: Was uns zum homo sapiens machte, wird uns zu Göttern machen. Der Mensch habe schon fast die Allmacht erreicht, meint Harari. Die großen Probleme der Vergangenheit – wie Hunger, Kriege – beherrschen nicht mehr unser Leben. Wir seien die einzige Gattung, die von sich aus den Planeten verändert habe. Wir dürfen nicht mehr gegen ein Höheres Wesen klagen. Alles hänge von uns ab. Was wird dann aber aus uns jetzt, da wir ganz alleine dastehen – ohne Götter, ohne übernatürliche Bestimmung?

Es fällt schwer, solche Sätze zu lesen in einem geschichtlichen Augenblick, da das genaue Gegenteil geschieht: unzählige Kriege, Hunger in vielen Ländern während in anderen Lebensmittel weggeworfen werden. Einsamkeit mitten im großen Lärm. Korruption und Manipulation des Willens überall.

Glaubt Harari wirklich an das, was er schreibt? Oder wird das alles geschrieben nur mit Blick auf die Zeitungsmeldung, auf den Buchverkauf, auf die Kasse?

Die Grundfragen bleiben trotzdem gültig: Wohin gehen wir? Wie könnten wir uns vor unserer eigenen zerstörerischen Kraft schützen?

Ein Rezensent schreibt:

Harari geht von der Annahme aus, das nächste Projekt der Menschheit (genauer: einiger Eliten) werde der Griff nach der Unsterblichkeit sein. Dies ist für ihn eine logische Konsequenz des Zeitgeistes. Dank Fortschritten in der Biotechnologie und künstlicher Intelligenz könnte der *Homo sapiens* zum gottähnlichen *Homo deus* avancieren. Dieser technologieverstärkte Mensch werde sich so sehr vom evolutionär auf der Strecke gebliebenen *homo sapiens* unterscheiden, dass es schwerfalle, sich ein Zusammenleben beider vorzustellen. Ob der Schritt hin zum gottähnlichen Menschen gelingen wird, lässt Harari offen: Er ist nicht unausweichlich, sondern ein Konjunktiv. Der Wunsch, ihn zu gehen, ist jedoch ganz real. Es sind gewagte Behauptungen, die der Autor aufstellt, was aber gerade den Reiz des Werks ausmacht. Die große Stärke des Buchs liegt darin, dass es globalgeschichtliche Darstellungen mit einer detaillierten „Geschichte von Morgen" verknüpft.

Im ersten Teil untersucht Harari den Ist-Zustand der Menschheit; er geht darauf ein, wie sie die Welt erobert hat; und entwirft in groben Zügen ihre mögliche künftige Agenda. Der zweite Teil rückt Sinngebungsprozesse in den Fokus: Wie verleiht der Mensch dieser ‚seiner‘ Welt Bedeutung? Im letzten Teil beschreibt er, wie *homo sapiens* die derzeitigen Weltanschauungen hinter sich lässt und nach reiner Informations- und Wissensexistenz strebt – und wo dort die Gefahren lauern. Möglicherweise, mutmaßt der Autor, wird der Mensch sich dabei mittels Algorithmen und Biotechnologie im Datenstrom auflösen. Ausgeprägtes Selbstbewusstsein.[84]

Ein anderer Rezensent schreibt:

Stellen Sie sich eine Welt vor, in der heute geborene Kinder sich auf ihren 150. Geburtstag freuen dürfen, Mikrochips im Gehirn Glücksgefühle erzeugen und Facebook Sie besser kennt als Ihr Ehepartner. Und dann stellen Sie sich vor, dass Massen von überflüssig gewordenen Menschen ihr Leben in virtuellen Realitäten verdaddeln, demokratische Institutionen abgeschafft sind und eine rundum optimierte Elite weltweit die Fäden zieht. Klingt dystopisch? Willkommen in der Gegenwart und dem, was in logischer Konsequenz darauf folgen könnte! Yuval Noah Harari nimmt die Leser mit auf einen atemberaubenden Ritt durch diverse wissenschaftliche Disziplinen und wagt den Blick in eine nicht allzu ferne Zukunft. Doch Harari will nicht prophezeien, sondern provozieren. Er tut das auf lebendige, unterhaltsame und brillante Art, legt dieses fesselnde

---

[84] Patrick TRAPPENDREHER, *Der Mensch als Auslaufmodell.* (www://Spektrum.de – 21.04.17).

Buch allen ans Herz, die wissen wollen, wohin sich unsere Spezies entwickeln könnte.[85]

Vor wenigen Jahren waren die Geisteswissenschaftler noch um die bescheidenere Frage besorgt, wie wir Menschen auf dem kleinen Planeten in Frieden leben könnten. Es war noch vor Hararis Siegesschrei, der Mensch sei Gott. Da war man von der Ansicht ausgegangen, der Mensch sei und bleibe noch eine Weile Mensch, es wurde vorsichtig gefragt, wie ein so kompliziertes, launisches, gieriges Wesen bestehen könnte.

Die Antwort war: Ein Weltethos könne das Wunder schaffen. Hans Küng war mit seiner Utopie nicht weniger erfolgreich als Harari mit der seinigen.

3. Weltethos

Durch die rasante Entwicklung ist Hans Küngs Idee eines Weltethos kurz nach Geburt alt geworden. Aus unserer Sicht gehört sie dennoch als wichtiges Moment in die Entwicklungslinie.[86]
Doch wie sieht Küngs Konzept aus?

Ihm schickt der Autor die Worte voraus: „Kein Überleben ohne Weltethos. Kein Weltfriede ohne Religionsfriede. Kein Religionsfriede ohne Religionsdialog."[87] Die Schaffung eines Weltethos sei

---

[85] In: *getAbstract* AG (CH).
[86] Hans KÜNG, Weltethos für Weltpolitik und Weltwirtschaft. München/Zürich 1997.
[87] A.a.O., 13.

notwendig, um der Menschheit insgesamt ein Überleben auf dem Planeten Erde zu ermöglichen.

Grundzüge des Projekts sind: Verankerung des Ethos in einer Transzendenz und ständige Suche nach Dialog. Ziel dieses noch unvollendeten Projekts ist es, eine für alle Weltbewohner geltende und alle politischen, wirtschaftlichen und gesellschaftlichen Institutionen bindende ethische Grundhaltung zu stiften, um damit einer neuen, rational begründeten und dem „Prinzip Verantwortung" im Sinne von Hans Jonas[88] verpflichteten Weltordnung zum Durchbruch zu verhelfen. Im Rückgriff auf Millenniumserwartungen formulierte Küng 1997 sein Anliegen so:

> Wird vielleicht das 21. Jahrhundert endlich jene neue Weltordnung schaffen, die das 20. Jahrhundert, an dessen Anfang schon die Krise der Moderne sichtbar wurde, nicht geschaffen hat? Man könnte verzweifeln, wenn man an Weltpolitik und Weltordnung denkt: drei verpasste Chancen in einem Jahrhundert:

> - nach dem Ersten Weltkrieg statt einer neuen Weltordnung und eines wirklichen Völkerbundes (League of Nations) ein noch nie dagewesenes *Welt-Chaos*;

> - nach dem Zweiten Weltkrieg statt einer neuen Weltordnung und wahrhaft „Vereinten Nationen" (United Nations) eine noch nie dagewesene *Welt-Teilung*

> - und jetzt nach dem Zusammenbruch des Sowjetkommunismus statt einer neuen Weltordnung und

---

[88] Hans JONAS, *Das Prinzip Verantwortung*. Frankfurt/M. 1979.

eines gemeinsamen ‚Hauses Europa' eine neue *Welt-Unordnung.*[89]

Wie könnten „Welt-Chaos", „Welt-Teilung" und „Welt-Unordnung" überwunden werden? Etwa mit Küng'scher Lehre? Oder mit Vernunft und klarem Denken? Da übersieht das Projekt, dass der Mensch von Kräften bewegt wird, die er nicht kontrollieren kann und die ihn deshalb unberechenbar machen. Küng übersieht die Gier.

Die Dichterin *Emma Kann* erinnert daran und bringt das Thema auf den Punkt.

Weltethos - ein unvollendetes Projekt?

Er hatte einen wunderschönen Plan
Für Menschenfrieden sorgsam sich geschmiedet.
Es kam ihm auf ein klares Denken an,
Daß die Vernunft den harten Streit befriedet.
Er sah, wie sich die große Chance bietet,
Ein freundschaftliches Leben erdenweit,
Der Plan war ein Geschenk an seine Zeit.

Er hatte nur das eine ganz vergessen,
Daß Menschen anders als Gedanken sind.
Nicht unbedingt von der Vernunft besessen,
Meist unberechenbar wie Meer und Wind
Und oft für ihren eignen Vorteil blind,
Wenn sie an Wunsch und Triebe sich verschreiben
Und den Sirenenklängen gläubig bleiben.

So viele schöne Pläne sind verfallen
Und haben doch ein Stückchen mit erbaut
Und werden auch nicht ungehört verhallen,
Wenn sich aus Vielem eine Zukunft braut.
Die Zukunft lauschte auch auf diesen Laut,

---

[89] A.a.O., 19.

Sie, die sich aus dem Meer der Töne hebt
Und Wahnsinn mit Vernunft in sich verwebt.[90]

Die Dichterin trifft den Kern der Sache. Doch Sätze wie „unberechenbar wie Meer und Wind" habe sich der Mensch allzu oft „an Wunsch und Triebe" verschrieben, sind unseres Erachtens noch schwache Ausdrücke. Die Ursache für die Probleme des Menschen liegen tiefer. Seine Unfähigkeit, irgendein ausgeglichenes Projekt zu verwirklichen, ist eine ontologische. Deshalb wiederholen sich über die Jahrhunderte hinweg die Projekte (die Träume), doch die Wirklichkeit kommt nie. Genauer: Oder besteht die Wirklichkeit des Menschen darin, sich mit Projekten zu berauschen, die unrealisierbar sind? Nach etwas zu trachten, das er nicht zu erreichen vermag, ist sein Schicksal.[91] So sind Weltethos, Moderne, Postmoderne oder was auch immer unvollendet geblieben.[92]

Den Projekten fehlt ein geeignetes Subjekt. So bleiben sie Überreste eines Traumes, der die Vernunft im Rausch entwirft. Die Vernunft ist aber ein Wunsch, der angesichts der Wesensart des Menschen ein solcher bleiben muss. Ottmar Ette

---

[90] Ottmar ETTE, *Was über die Zeit hinausgeht. Interview mit der Lyrikerin Emma Kann*. In: Exil, VIII (1993), 2, 34–40.

[91] Das wurde als das Wesen der menschlichen Sehnsucht herausgestellt, welche die Kehrseite der Gier darstellt. In: Verf., *Über die Sehnsucht. Urgrund und Abgründe*. Augsburg 2015.

[92] Jürgen HABERMAS, *Die Moderne, ein unvollendetes Projekt*. Philosophisch-politische Aufsätze 1977–1990. Leipzig 1990.

erinnert an den Satz Goyas in den *Caprichos. El sueño de la razón produce monstruos.* Sueño heißt sowohl Schlaf als auch Traum. Caprichos bedeutet Laune, disparates Unfug.[93] Nach dem Ergebnis unserer Forschungen muss das Wort als *Traum* verstanden werden, den man im *Schlaf* nach einem *Rausch* träumt. Denn nicht einmal der Mensch träumt, sondern eine Sehnsucht in ihm erfindet Welten, die nur Katastrophen zu verursachen vermögen. Die Reihenfolge wäre also Rausch-Schlaf-Traum-Katastrophen.

Für Goya war das vor über zweihundert Jahren so evident, dass er die Meinung vertrat, jeder könnte den Zusammenhang verstehen. Einen vorbereitenden Entwurf seiner Sammlung versah er mit dem Zusatz: „Ydioma universal. Dibujado y grabado por Fco. de Goya año 1797." (= Universalsprache. Gezeichnet und eingemeißelt durch Francisco de Goya im Jahr 1797.)

In Küngs Projekt wird scharfe Kritik an klassischer Realpolitik geübt. Genannt werden stellvertretend Machiavelli, Richelieu, Bismarck und Henry Kissinger. Küng verfährt dabei nach gängigem Muster. Sieht man aber, dass der Wesenskern des Problems die Gier und diese eine Wesenseigenschaft des Menschen ist, kann man

---

[93]. *Goya. Caprichos – Desastres – Tauromaquia – Disparates.* Textos de Alfonso E. Pérez-Sánchez. Madrid: Fundación Juan March 1979, 56.

Küng selbst der Liste hinzufügen – und ebenso den Autor der vorliegenden Abhandlung.

Die Wesensart ist bei allen Menschen gleich, die Gefahren auch. Zu allen Zeiten waren die Menschen gierig, unstet, neidisch. Müssten nicht die Traditionen, welche diese Seite gesehen haben, besonders beachtet werden? Denn sie haben den Kampf gegen die Gier beim Individuum begonnen. Ihnen wenden wir uns nun zu – natürlich nicht um sie zu kopieren. Es geht nur darum, auf andere Möglichkeiten des Menschseins hinzuweisen.

9. Kapitel
Monastisches Dasein zwischen Geist und Fleisch

Wie sich der gierige Mensch auf den pathologischen Zustand hin entwickelt, vom Besitzdrang beherrscht zu werden, so haben sich andere Menschen als Lebensaufgabe vorgenommen, sich von dieser Tyrannei zu befreien. Wir finden sie vornehmlich im Mönchtum bei Buddhismus und Christentum.

Es gibt institutionelle Gemeinsamkeiten, die in der Natur der Sache liegen. Danach gehen wir exemplarisch auf einige christliche Gemeinschaften ein, die über das Religiöse hinaus für die Entwicklung des Abendlandes bedeutend gewesen sind und in gewisser Hinsicht noch bleiben.

Auch innerhalb der Ordensgemeinschaften werden die ursprünglichen Vorschriften immer wieder der Zeit und den gesellschaftlichen Umständen angepasst.

Im Hinblick auf das Hauptthema unserer Untersuchung *Gier. Die Krankheit unserer Zeit*, hat dieses Kapitel eine doppelte Funktion: a) Es gibt Welten, in denen das genaue Gegenteil von dem gilt, was in der etablierten Gesellschaft gängig ist: Nicht Geld verdienen ist das Wichtigste, sondern mit sich selbst ins Reine kommen. Natürlich gibt es in den Klostergemeinschaften auch Neid und Intrigen, Habsucht, Liebschaften; aber diese werden als Verfallserscheinungen betrachtet, das Leben wird mit Blick auf deren Überwindung organisiert. b) Für Menschen, die in der Welt der Gier leben, können diese Klöster wie eine Oase wirken, wo sich verletzte, von der Gier beherrschte Menschen erneuern können.

1. Institutionalisierung des Kampfes gegen die Gier

A. Mönchtum

Für die Gestaltung des Mönchtums im Abendland war die Regula Benedicti (um 540) grundlegend. Es handelt sich um ein Konzept von Chorgebet, Maß und Zucht für eine Lebensform, die zwar nach dem Modell der Familie (Abt als Vater, Mönche als Brüder in der Geborgenheit der Abtei) gedacht, aber auf das Höchste hin gespannt ist. Dieses Höchste, das einzig Wichtige (unicum necessarium) zu suchen (si revera Deum quaerit) ist Bedingung, um in die monastische Gemeinschaft aufgenommen zu werden. Daraufhin ist das ganze Leben strukturiert. Ora et labora, bete und arbeite. Das Motto entstand später, das Gemeinte war von Anfang an da: eine vom Geistigen her definierte Lebensform, die von bestimmten Grundhaltungen getragen wird:

- Zölibatäres Leben,
- einfache Ernährung, Beschränkung des Weinkonsums
- feste Zeiten für Gebet, Studium, Handarbeit, Entspannung und Schlaf.

Doch für die innere Freiheit, die für das angestrebte geistige Lebensniveau notwendig ist, sind Gehorsam (Verzicht auf den Eigenwillen) und Armut (Verzicht auf Eigenbesitz) unentbehrliche Voraussetzung.

Wir führen einige Beispiele aus abendländischen Ordensgemeinschaften an, allen voran die benediktinische Regel.

Die Benediktiner

Der hl. Benedikt, um 480 in Nursia (Italien) geboren, gilt als Vater des abendländischen Mönchtums.

Er verließ als junger Student die verkommene Stadt Rom und ließ sich als Einsiedler in einer Höhle bei Subiaco nieder. Als sich Schüler um ihn sammelten, begann er mit ihnen ein klösterliches Gemeinschaftsleben.

Benedikt verfasste eine Regel, in die er die Tradition der mönchischen Bewegung des vierten und fünften Jahrhunderts aufnahm. Sie versteht sich als „Lebensregel" und will eine Gemeinschaft in der Gottsuche Gleichgesinnter ordnen, ermöglichen und bewahren helfen.

Die benediktinische Regel (Auszüge)

Kapitel 5. Vom Gehorsam.

1. Der vorzüglichste Grad der Demut ist Gehorsam ohne Zögern. Er ist denen eigen, die nichts Lieberes als Christus kennen (...) Von ihnen sagt der Herr: Er gehorcht mir aufs Wort."

(...)

3. Solche lassen demnach sogleich das Ihrige im Stich, geben den eigenen Willen preis, ziehen alsbald ihre Hand zurück von ihrer Beschäftigung, lassen unvollendet liegen, was sie taten, und folgen so schnell-

233

bereiten Fußes willig dem Worte des Obern mit der Tat.

(...)

4. So leben sie nicht nach ihrem Gutdünken und folgen nicht ihren Wünschen und Launen, sondern richten sich nach fremdem Urteil und Befehl, verharren im Kloster und verlangen darnach, unter einem Abte zu stehen.

(...)

6. Nun aber ist dieser Gehorsam nur dann Gott wohlgefällig und den Menschen angenehm, wenn der Befehl nicht lässig, nicht lahm, nicht lau, nicht mit Murren oder offener Widerrede vollzogen wird. Denn wer den Obern gehorcht, gehorcht Gott; er sagte ja: „Wer euch hört, der hört mich."

7. Und frohen Herzens sollen die Jünger gehorchen, weil „Gott einen freudigen Geber liebt."

(...)

Kapitel 33. Ob die Mönche etwas besitzen dürfen

1. Vor allem dieses Laster muss mit der Wurzel aus dem Kloster ausgerottet werden. Keiner maße sich an, ohne Erlaubnis des Abtes etwas zu geben oder anzunehmen.

2. Den Brüdern ist es ja nicht einmal erlaubt, nach eigener Entscheidung über ihren Leib und ihren Willen zu verfügen.

3. Alles Notwendige dürfen sie aber vom Vater des Klosters erwarten, doch ist es nicht gestattet, etwas zu haben, was der Abt nicht gegeben oder erlaubt hat.

4. „Alles sei allen gemeinsam" (Apg 4,32), wie es in der Schrift heißt, damit keiner etwas als sein Eigentum bezeichnen oder beanspruchen kann.

(...)

B. Ordensgemeinschaften, evangelische Räte

Die Mitglieder der Ordensgemeinschaften, die nach Benedikt entstanden, wurden nicht als Mönche bezeichnet. Sie lebten nicht in einer Abtei auf Lebenszeit (stabilitas loci), sondern waren beweglicher. Das Chorgebet wurde lockerer gestaltet, die Gelübde jedoch präziser. Doch allen gemeinsam ist die Grundüberzeugung, dass Gier besiegt werden kann, wenn sie konkret in ihren fundamentalen Erscheinungsformen bekämpft wird. Denn die Tendenz, alles wild zu sich zu ziehen, offenbart sich im unkontrollierten Eigenwillen, im Besitzdrang, in der Sexualität, in der Machtsucht. Gelingt es, diese zu korrigieren, kann die negative Energie in positive Kraft verwandelt werden.

Im Zentrum der Ordensgemeinschaften steht – genauso wie im Mönchtum – die Hingabe des Menschen an das Absolute. Von dieser Mitte her wird alles erhellt, in die Gesamtheit des Gemeinschaftslebens gestellt. Die ichbezogene Energie, welche durch die Gier zerstreut sich selbst zerfrisst, wird durch *gemeinschaftliches* Leben und den *Verzicht* auf das Geistige konzentriert.

Gemeinschaft

Die Ordensinstitution beruht auf einer Entscheidung, das Ich aufzugeben und als Wir zu leben. Das Wir gründet nicht in Blutsverwandtschaft, nicht also im Fleisch, sondern in einer Wahl für den Geist. Das Wir geht vor, gibt dem Ich Boden und Inhalt. Das Subjekt soll zwar grundsätzlich bereit sein, in der Gemeinschaft und für sie zu leben, ist aber nicht schon *eo ipso* dazu fähig. Es soll vielmehr ein Steigerungsprozess werden, der das ganze Leben andauert, jedoch einige gründende Momente aufweist: *Postulantat* (der Bewerber wird zur Probe aufgenommen), *Noviziat* (er wird ausgebildet und geprüft), *einfache Profess* (er wird vorläufig, etwa auf drei Jahre als Mitglied in den Orden aufgenommen), *ewige Profess* (er entscheidet sich endgültig, im Orden zu bleiben).

Beim Prozess wirken Gabe und Leistung zusammen. Der Mensch weiß, dass er von sich aus eine solche Lebensform nicht durchhalten könnte, er bedarf der Gnade, doch diese alleine vermöchte es ebenso wenig ohne den menschlichen Willen.

Die Weisen (die Instrumente) dieses Zusammenwirkens von Gabe und Leistung sind die Gelübde.

Die Gelübde

(auch *Evangelische Räte* genannt) stellen den Versuch dar, die Hauptbastionen der Gier zu demontieren und in Schach zu halten. Davon sind drei allgemein bekannt, die vierte jedoch genauso radikal. Im Buddhismus sind es 22 nach Bhimrao

Ramji Ambedkar.[94] Wir konzentrieren uns auf die abendländische Tradition:

a) *Gehorsam* („oboedientia"): Bei seiner Aufnahme in den Orden verspricht das Mitglied, gegen seinen eigenen Willen zu handeln, wenn das von ihm verlangt wird. Vorausgesetzt wird dabei, dass der eigene Wille ein Hindernis für die eigentliche Selbstverwirklichung darstelle. Diese bestehe darin, dass der Einzelne (das Ich) mit dem Orden (das Wir) übereinkomme. Folglich muss die Eigenwilligkeit prozessual eliminiert werden.

b) *Keuschheit* („castitas"): Bei seiner Aufnahme in den Orden verspricht das Mitglied, der Wollust zu widerstehen. Das setzt die Annahme voraus, die Bedürfnisse des Fleisches verdunkelten den Verstand und befleckten die Reinheit des Geistes. Folglich muss die sexuelle Betätigung ausgeschaltet werden.

c) *Armut* („paupertas"): Bei seiner Aufnahme in den Orden verspricht das Mitglied, auf Besitz zu verzichten. Das setzt die Annahme voraus, Besitzenwollen verhindere die innere Freiheit. Folglich darf nichts als persönliches Eigentum betrachtet werden.

d) *Zurückhaltung* im Umgang mit Ämtern („de non ambiendi voto"). Bei seiner Aufnahme in den Orden verspricht das Mitglied, niemals von sich aus ein Amt anzustreben. Das setzt die Annahme voraus, Macht verderbe den Menschen. Folglich darf der Ordensmann bei Wahlen niemals für sich werben, bei Geheimwahlen niemals für sich selbst abstimmen.

---

[94] Jan Jakob Maria DE GROOT; *Le code du Mahâyâna en Chine; son influence sur la vie monacale et sur le monde laique.* Amsterdam 1893. Eunsu CHO, *Fanwang jing.* In: Robert E. Buswell (Hg.), Encyclopedia of Buddhism. Macmillan Reference, 2004.

e) *Ortsgebundenheit* (stabilitas loci), bindet das Mitglied an ein bestimmtes Kloster – oder umgekehrt: *Klösterlicher Lebenswandel* (conversatio morum suorum) wird nicht allgemein, sondern nur von bestimmten Gemeinschaften verlangt.

f) *Ora et labora:* Der Bezug zum Leben wird *horizontal* (immanent) durch Arbeit im Dienste der Gemeinschaft und durch diese im Dienste der Menschheit, *vertikal* (transzendent) durch Lobpreisung des Höchsten und Einkehr ins Innere bestimmt. So wird der Tag in *Gebetseinheiten* (Horen) eingeteilt, welche die Arbeit umrahmen und ihr eine übernatürliche Prägung verleihen. Dem entspricht die Verinnerlichung des geistigen Gestaltungsprozesses durch persönliche Sammlung (Betrachtung = *Meditation*, Beschauung = *Kontemplation*).

Beispiele:

Die Franziskaner

Franz von Assisi, geboren als Giovanni Battista Bernardone 1181 oder 1182 in Assisi, Italien, gestorben am 3. Oktober 1226 in der Portiuncula-Kapelle unterhalb der Stadt Assisi, entstammte einer wohlhabenden Kaufmannsfamilie.

Eines Tages entschied er nach dem Vorbild Jesu Christi, wie er selbst es ausdrückte, das Evangelium „sine glossa" (das heißt, ohne Interpretationen) zu leben. Diese Lebensweise zog gleichgesinnte Gefährten an, was zur Gründung der Minderen Brüder (Franziskaner) führte, deren Orden rasch wuchs. Franziskus war auch zusammen mit seiner Schwester Chiara Mitbegründer der Klarissen.

Zum Kern der franziskanischen Spiritualität gehören Naturverbundenheit und Armut. Weil Franziskus die Armut radikal vorlebte, wird er über Konfessionen und Ideologien hinweg von Menschen aller Denkrichtungen bewundert. Dante Alighieri sagte über ihn: „Wie eine Sonne ging er in der Welt auf."

Am 29. November 1223 bestätigte Papst Honorius III. die endgültige Regel des heiligen Franziskus. Dabei nahm er den vollständigen Text dieser Regel in sein Bestätigungsschreiben hinein. Das Original dieses Schreibens wird in Assisi aufbewahrt. Ein zweiter authentischer Text, der aber gegenüber dem Original einige Unterschiede – vor allem ein verbessertes Latein – aufweist, findet sich im entsprechenden Registerband des Vatikanischen Archivs.

Die bullierte Regel der Franziskaner (Auszüge)[95]

l. Kapitel: Dass die Brüder leben sollen ohne Eigentum und in Keuschheit und in Gehorsam.

1. Regel und Leben dieser Brüder ist dieses, nämlich zu leben in Gehorsam, in Keuschheit und ohne Eigentum und unseres Herrn Jesu Christi Lehre und Fußspuren zu folgen, der sagt:

---

[95] Franziskanische Schriften, Franziskus & Klara. Gebundene Ausgabe. Kevelaer 2013.

2. „Wenn du vollkommen sein willst, dann geh (Mt 19,21) und verkaufe alles (vgl. Lk 18,22), was du hast, und gib es den Armen, und du wirst einen Schatz im Himmel haben; und komm, folge mir nach" (Mt 19,2 1). 3. Und: „Wenn jemand mir nachfolgen will, verleugne er sich selbst und nehme sein Kreuz auf sich und folge mir" (Mt 16,24).

(...)

6. Kapitel: Dass die Brüder nichts als ihr Eigentum erwerben dürfen sowie vom Bitten um Almosen und von den kranken Brüdern.

Die Brüder sollen sich nichts aneignen, weder Haus noch Ort noch irgendeine andere Sache.

Und gleichwie Pilger und Fremdlinge (vgl. 1 Petr 2,11) in dieser Welt, die dem Herrn in Armut und Demut dienen, mögen sie voll Vertrauen um Almosen bitten gehen; und sie sollen sich dabei nicht schämen, weil der Herr sich für uns in dieser Welt arm gemacht hat (vgl. 2 Kor 8,9).

Die Bulle wird im Sacro Convento zu Assisi aufbewahrt.

Dies ist jene Erhabenheit der höchsten Armut, die euch, meine geliebtesten Brüder, zu Erben und Königen des Himmelreiches eingesetzt, an Dingen arm, aber an Tugenden reich gemacht hat (vgl. Jak 2,5).

Dies soll euer Anteil sein, der hinfährt in das Land der Lebenden (vgl. Ps 141,6).

Ihr ganz und gar anhänget, geliebteste Brüder, trachtet danach um des Namens unseres Herrn Jesu Christi willen auf immer unter dem Himmel, nichts anderes besitzen zu wollen!

Und wo immer die Brüder sind und sich treffen, sollen sie sich einander als Hausgenossen erzeigen.

Und vertrauensvoll soll einer dem anderen seine Not offenbaren; denn wenn schon eine Mutter ihren leiblichen Sohn nährt und liebt (vgl. 1 Thess 2,7), um wie viel sorgfältiger muss einer seinen geistlichen Bruder lieben und nähren?

Und wenn einer von ihnen in Krankheit fällt, dann müssen die anderen Brüder ihm so dienen, wie sie selbst bedient sein wollten (vgl. Mt 7,12).

Die Karmeliten

Zu Beginn des 13. Jahrhunderts verfasste der Heilige Albert, Patriarch von Jerusalem, die Regel des Karmel. In wenigen kurzen Kapiteln legte er auf Bitten der ersten Brüder vom Karmel deren Lebensform nieder. Er wählte dafür die Form eines Briefes und unterstrich damit die dialogische Struktur der Lebensform. Auf einzigartige Weise vereinigte er eremitische und gemeinschaftlich-demokratische Werte und griff hauptsächlich auf die biblischen Schriften und die Spiritualität der Wüstenväter zurück.

Diese ursprüngliche Regel nahm Teresa von Avila (1515–1582) zurück, um den Karmel zu reformieren. Daraus gingen die unbeschuhten Karmeliten – auch Teresianischer Karmel genannt – hervor.

Zentral in der Regel ist die Bedeutung der eigenen Zelle, die vordergründig den äußeren, vielmehr aber noch den im Inneren des Menschen befindlichen Ort der Begegnung mit Gott symbolisiert. Darüber hinaus ist die gemeinschaftliche Struktur der Brüder grundlegend. Vorsteher der Gemeinschaft ist ein von den Brüdern selbst gewählter Prior, der im Geist des Dienstes die Gemeinschaft leiten soll. Ein weiterer wichtiger Punkt ist das Fehlen einer Unterscheidung von Priestern und Nicht-Priestern. Priestersein wird in keiner Weise erwähnt, noch wird es berücksichtigt. Insgesamt ist die Regel maßvoll, klug und menschenfreundlich; im Gegensatz zu anderen Ordensregeln kommt sie ohne Strafmaßnahmen aus.

Die Regel des Karmel, gegeben durch Albert von Jerusalem um 1210

1. Albertus, durch Gottes Gnade Patriarch der Kirche von Jerusalem, an die in Christus geliebten Söhne B. und die übrigen Eremiten, die unter seinem Gehorsam beim Brunnen auf dem Berg Karmel leben: Gruß im Herrn und des Heiligen Geistes Segen.

3. Da ihr uns ersucht habt, euch eurem Vorhaben gemäß eine Lebensregel zu geben, die ihr in Zukunft halten sollt

4. bestimmen wir als erstes, dass ihr einen von euch als Prior haben sollt, der durch die einmütige Zustimmung aller oder des größeren und verständigeren Teils zu diesem Amt gewählt wird. Jeder von euch soll ihm Gehorsam versprechen und bemüht sein, das Versprochene zugleich mit der Keuschheit und dem Verzicht auf Eigentum auch tatsächlich zu halten.

(...)

10. Jeder Einzelne soll in seiner Zelle oder in ihrer Nähe bleiben, Tag und Nacht das Wort des Herrn meditierend und im Gebet wachend, es sei denn, er ist mit anderen, wohlbegründeten Tätigkeiten beschäftigt.

(...)

12. Keiner der Brüder soll etwas sein eigen nennen, sondern es sei euch alles gemeinsam, und einem jeden soll durch die Hand des Priors, das heißt durch den

Bruder, der von ihm mit diesem Dienst betraut ist, zugeteilt werden, was er braucht, unter Berücksichtigung des Alters und der notwendigen Bedürfnisse jedes Einzelnen.

(...)

20. Ihr sollt irgendeine Arbeit verrichten, sodass der Teufel euch immer beschäftigt findet und nicht wegen eurer Untätigkeit einen Zugang finden kann, um in eure Seele einzudringen.

(...)

21. Der Apostel aber empfiehlt das Schweigen, wenn er vorschreibt, in Ruhe zu arbeiten, wie auch der Prophet bezeugt: „Die Übung der Gerechtigkeit ist das Schweigen." Und ferner: „Im Schweigen und in der Hoffnung liegt eure Stärke." Deshalb ordnen wir an, dass ihr nach dem Beten der Komplet das Schweigen halten sollt, bis die Prim des folgenden Tages gebetet ist. Wenn auch in der übrigen Zeit das Schweigen nicht so sehr gewahrt zu werden braucht, hüte man sich dennoch sorgfältig vor Geschwätzigkeit, denn wie geschrieben steht und nicht minder die Erfahrung lehrt: „Bei vielem Reden bleibt die Sünde nicht aus" und „Wer unbedachtsam im Reden ist, dem ergeht es übel." Sodann: „Wer viele Worte macht, schadet seiner Seele."

(...)

22. Du aber, Bruder B., und jeder, der nach dir als Prior eingesetzt wird, erwägt stets im Geist und befolgt in der Tat, was der Herr im Evangelium sagt: „Wer bei euch groß sein will, der soll euer Diener sein, und wer unter euch der Erste sein will, soll euer Sklave sein."

23. Ihr übrigen Brüder aber, ehrt demütig euren Prior, indem ihr eher an Christus denkt, der ihn über euch gesetzt hat, als an ihn selbst, (...).

Die Jesuiten[96]

Gründung

Ignatius von Loyola, 1491 auf Schloss Loyola in Spanien geboren, entstammte einer angesehenen baskischen Adelsfamilie. Nach einer schweren Verwundung 1521 trat während der langen Monate auf dem Krankenlager eine Verwandlung mit dem ehrgeizigen Adeligen ein. Er beschloss, sein Leben zu ändern und sich in Zukunft nur mehr dem Dienste Gottes zu widmen.

Nach der Wallfahrt ins Heilige Land studierte Ignatius unter anderem an der Universität Paris, wo er mit sechs Freunden, mit denen er sich 1526 zusammengeschlossen hatte, den Plan einer Ordensgründung entwarf. Zunächst gelobten sie 1534 auf dem Montmartre Armut und Ehelosigkeit. Da sie wegen des Türkenkriegs nicht nach Jerusalem ziehen konnten, gingen sie 1538 nach Rom und boten dem Papst ihre Dienste für die katholische Erneuerung an. Am 15. April 1539

---

[96] BU = IGNATIUS VON LOYOLA, *Briefe und Unterweisungen*. Würzburg 1993. Für die Satzungen vgl. Ignatius von Loyola, Gründungstexte der Gesellschaft Jesu, Würzburg 1998. Dort steht auch die *Formula Instituti*, die 1540 Papst Paul III. vorgelegt wurde; eine erweiterte Fassung genehmigte 1550 Papst Julius III. Dazu Peter Knauer S.J., „Ein Leib für den Geist": Die Satzungen der Gesellschaft Jesu. In: Quatember – Vierteljahreshefte für Erneuerung und Einheit der Kirche, 71 (1977) 224–233.

bekräftigen die Freunde in einem feierlichen Versprechen ihren Entschluss, zusammenzubleiben und legen das Fundament für den neuen Orden, dem sie den Namen „Gesellschaft Jesu" geben. Die päpstliche Bestätigung erfolgt ein Jahr später.

Dieser neue Zusammenschluss des Ignatius und seiner ersten Gefährten fügte sich jedoch nicht bruchlos in die Reihe der traditionellen Orden ein. Zum ersten Mal entstand eine Form des christlichen Gemeinschaftslebens, die ganz von den Forderungen des Apostolats geprägt war. Der Dienst am Nächsten war nicht bloß eine Tätigkeit unter anderen, sondern das Grundanliegen, dem die ganze Lebensform zu dienen hatte. Der ganze Orden war der Versuch, eine Gemeinschaft zu schaffen, in der sich Eigeninitiativen im Rahmen des Ganzen entfalten lassen.

Die enge Bindung an den Papst, die sich bis heute in einem besonderen Gehorsamsgelübde konkretisiert, war von Anfang an ein Kennzeichen des Ordens. Sie ergab sich ebenfalls aus den speziellen Forderungen eines weltweiten Apostolates. Da die Gruppe um Ignatius ihre Tätigkeit nicht auf eine Diözese oder ein Land beschränken wollte, musste sie sich an jemanden wenden, der eine Übersicht über die ganze Christenheit hatte.

Bewusstseinsverfassung, Gelübde

Alle sollen besondere Sorge dafür tragen, mit großer Sorgfalt die Tore ihrer Sinne – insbesondere die Augen und Ohren und die Zunge – vor jeder Unordnung zu bewahren und sich in dem Frieden und der wahren Demut ihrer Seele zu erhalten und dies zu zeigen durch das Stillschweigen, wann es zu halten angebracht ist, und wann zu sprechen ist, durch die Überlegtheit und Erbauung ihrer Worte, und durch ihren bescheidenen Gesichtsausdruck und ihre Reife, im Gehen und allen ihren Bewegungen ohne ein Anzeichen von Ungeduld oder Hochmut. Sie sollen sich in allem darum bemühen und danach verlangen, den anderen den Vorrang zu geben, indem sie in ihrer Seele alle schätzen, als stünden sie über ihnen, und ihnen im Äußeren in religiöser Einfachheit und Schlichtheit die Ehrfurcht und Ehrerbietung erweisen, die der Stand eines jeden zulässt, sodass sie, indem sie einander ansehen, in der Andacht wachsen und Gott unseren Herrn lobpreisen, den jeder im anderen als in seinem Bild wiederzuerkennen sich bemühen muss (n. 250).

Am 27. September 1540 bestätigte Papst Paul III. den Jesuitenorden. Schnell wurde der Orden zu einer weltweiten Größe.

Doch auch diese größte männliche Ordensgemeinschaft der katholischen Kirche, die große Persönlichkeiten auf vielen Gebieten des Wissens hervorgebracht hat, gründet auf den Grundsäulen der Gelübde – im Kampf also gegen die Gier.

a) Armut
Ignatius und seine Gefährten fühlten sich berufen, in Armut zu predigen. Deswegen verzichtet ein Jesuit auf Privateigentum und stellt sich in die Gütergemeinschaft seines Ordens. Dies hat eine „apostolische" Bedeutung, weil die Armut die eigene Glaubwürdigkeit unterstreicht: Ein Jesuit soll nur aus Gott und auf Gott hin leben. Sein Lebensstil soll einfach sein mit

der Bereitschaft, alles mit anderen zu teilen. Außerdem soll er verfügbar sein zu jeder Art von Dienst gerade für diejenigen, die diese Hilfe am nötigsten haben.

b) Keuschheit

Im Gelübde der Keuschheit entscheidet sich der Jesuit in einer so einzigartigen Liebe für Jesus Christus und seinen Dienst, die die Ehe und jede andere ausschließliche Beziehung wie auch die Befriedigung seiner Sexualität ausschließt. Dies wertet die Ehe nicht ab, sondern verweist auf eine Liebe und Treue, die tiefer als der geschlechtliche Ausdruck ist und für die die Ehe und die Ehelosigkeit zwei verschiedene Verwirklichungen sind.

c) Gehorsam

Mit dem Gelübde des Gehorsams stellt sich der Jesuit in die Sendung seines Ordens, Jesus Christus in der Kirche zu dienen. Der Gehorsam vollzieht sich vor allem in der „Destination", d.h. in der Sendung durch den Oberen. Nach dem Beispiel Christi soll der Obere seine Autorität im Geist des Dienstes ausüben und sich dabei von kluger Liebe und dem Rat der Mitbrüder leiten lassen. Voraussetzung dafür ist bei jedem Einzelnen die volle Verfügbarkeit und die Offenheit des Gewissensurteils dem Oberen gegenüber. Ein Jesuit soll seine ganze Absicht und alle Kräfte sowie große Bereitschaft, geistliche Freude und Ausdauer einsetzen, um dem Willen Gottes mehr zu entsprechen.

Hervorzuheben ist: Die Jesuiten erlernen in der Regel einen weltlichen Beruf. So können sie auch dann zurechtkommen, falls sie austreten.

2. Kritik: Erhabene Theorie – widersprüchliche Praxis

Die gelebte Wirklichkeit des Ordenslebens lässt sich wahrheitsgemäß unter Beachtung zweier Ebenen kritisch betrachten: Die erhabene Theorie in den Texten und die widersprüchliche Praxis im Leben.

Widersprüche in der Praxis:

1. Das angestrebte Niveau einer Existenz, die auf all das verzichtet, was die natürliche Lebensgrundlage betrifft, ist in der Praxis nicht haltbar. Beflügelt durch die Stimmung des Neuen gelingt es nachweislich vielen, in den ersten Jahren die Gelübde in die Praxis umzusetzen. Übereinstimmend bezeugen geistliche Begleiter einen Bogen von etwa zehn Jahren, innerhalb derer der Geist über das Fleisch siegt. Danach fängt es an, auf allen drei Ebenen zu hinken. a) Gehorsam: Man findet beim Oberen die schwachen Stellen – und die Lehre, beim Gehorchen nicht den Menschen zu sehen, sondern Christus, den er vertritt, bleibt hohle Theorie, der blinde Gehorsam frommer Wunsch. b) Armut: Die Bedürfnisse, welche die anfänglich geistige Beflügelung stillgelegt hatte, melden sich wieder. Und die Gelegenheiten, getarnt zu Besitz zu kommen, werden übermäßig wahrgenommen. c) Zölibat: Die Schwierigkeiten bei der Einhaltung der Keuschheit können unerträglich werden. Die Physiologie lässt sich nicht

wegbeten. Fälle von Sexbesessenheit unter gott-geweihten Männern und Frauen sind keineswegs selten.

2. Was den Besitz anbelangt, ergibt sich: *Individuell*: Man weiß, dass Ordensleute zu den am besten abgesicherten Menschen der Gesellschaft gehören. Empfindliche Mitglieder leiden unter diesem Widerspruch. *Bei allen* kommt es vor, dass es Ordensgemeinschaften – im Namen der Armut – zu Reichtum bringen.

3. Allen voran ist die katholische Kirche mit dem Vatikanstaat zu einem Konzern geworden. Es fällt schwer, eine Verbindung zur ursprünglichen Botschaft Jesu herzustellen.

Unter den Ordensgemeinschaften ist der Widerspruch bei den Franziskanern eklatant, denn Franziskus wollte das Evangelium „sine glossa" leben. Diese Grundhaltung war noch zu Franziskus' Lebzeiten vielen Brüdern zu radikal. 1219 musste der Ordensgründer wegen einer Revolte bei den Brüdern von Palästina zurückkehren. Franziskus gab enttäuscht die Leitung ab.

Doch die eindeutige Abweichung vom Ursprung begann 1226. Gleich nach Franziskus' Tod wurde in Assisi über seinem Grab eine große Basilika errichtet. Damit wäre der der Armut verpflichtete Büßer und Bettler sicher nicht einverstanden gewesen. Die Ordensmitglieder beginnen zu streiten. Darf ein Franziskanerkloster nicht doch Besitz haben? Wie viel Armut ist gut? Früh fing man an, sich selbst mit Pseudoargumenten zu belügen.

Wenn der ursprüngliche Elan nicht mehr da ist, findet man Gründe, um die Radikalität der anfänglichen Entscheidung abzuschwächen. Mit diesem Verrat sind nicht alle einverstanden, einige wollen dem Ursprung treu bleiben. Rund 25 Jahre nach Franziskus' Tod spaltet sich sein Orden: Erst gründeten die sogenannten Spiritualen eine eigene Gemeinschaft, ab 1517 trennten sich die heutigen Minoriten vom Ursprungsorden. 1525 entstanden die Kapuziner. Deren Gründer, Mateo de Bascio, floh heimlich aus dem Kloster und überlebte nur, weil die Nichte des Papstes für ihn eintrat.

Wie bei den Franziskanern waren vorher schon die Benediktiner reformiert worden. Daraus entstanden die Trappisten und die Zisterzienser.

Erhabene Theorie:

Weil die ursprüngliche Begeisterung in der Praxis schwer zu halten ist, werden Ordensgemeinschaften immer wieder reformiert. Die Erneuerung dauert in der Regel nicht lange. Denn es liegt in der Natur der Sache, dass spätere Ordensmitglieder nicht ohne Weiteres vom Elan des Ordensgründers bewegt sind. So gehen sie von Erneuerung zu Erneuerung – dazwischen lange Phasen der geistigen Trägheit. Diese Seite wird reflektiert. Das Recht des Ordens auf Existenz wird trotz Verfallstendenz durch das Prinzip „ex opere operato" gerechtfertigt. D.h. der Orden ist von sich aus wertvoll, unabhängig vom Verhalten der Mitglieder. Die Menschen können fehlerhaft sein, der Orden bleibt in und durch sich selbst gut. Nach dem Motto *homo peccator, ecclesia tamen sancta.*

Die Vermählung der Gier mit der Spiritualität

Mönchtum und Ordensleben haben im Laufe der Jahrhunderte ungewöhnliche Gestalten hervorgebracht. Klöster und Ordensgemeinschaften sind für die Entstehung der abendländischen Kultur von grundlegender Bedeutung.

Trotzdem zwingt sich die Frage auf, ob mit der Aufrechterhaltung dieser Lebensform nicht dem Schein gegenüber dem Sein Vorrang eingeräumt wird. Darauf ist vermutlich die gegenwärtige Abnahme von Nachwuchs in den meisten Ordensgemeinschaften zurückzuführen.

Doch über die empirische Frage hinaus, ob die Lebensform der Ordensgemeinschaften heute Menschen noch ansprechen kann, stellt sich die Grundsatzfrage, ob das darin angestrebte Ziel überhaupt erreichbar ist und ob es also je wirklich erreicht wurde. Hagiographische Darstellungen, die es emphatisch zu beweisen versuchen, überzeugen kaum mehr.

* * *

Zwischenbemerkung. Eine Ausnahmeerscheinung: Der Orden der Kartäuser

Die Kartäuser (lat. *Ordo Cartusiensis*, OCart) sind ein kontemplativer Orden, in dessen Lebensform

Elemente des Eremiten- und Zönobitenlebens verknüpft werden. Er geht auf Bruno von Köln (*um 1030, † 6. Oktober 1110) zurück.

La Grande Chartreuse ist das Mutterhaus des Ordens, Es befindet sich drei Kilometer nordwestlich des Dorfes Saint-Pierre-de-Chartreuse im französischen Département Isère.

1084 gründete Bruno mit sechs Gefährten in La Chartreuse, einer einsamen Gebirgsgegend bei Grenoble in Frankreich, eine Eremitenkolonie. Neben den Eremitagen errichteten sie eine Kapelle und weitere Gemeinschaftsräume, die durch einen Kreuzgang verbunden waren. Das Land wurde ihnen von Hugo, dem damaligen Bischof von Grenoble, zur Verfügung gestellt. Er soll im Traum gesehen haben, wie sich in La Chartreuse sieben Sterne niederließen. Der Eremitenkolonie schlossen sich weitere Mönche an. So entstand die Große Kartause, das Mutterkloster des Kartäuserordens.

Seltene Eigenart: Bruno selbst schrieb keine Ordensregel. Die Lebensweise der ersten Einsiedler sollte einfach von allen zukünftigen übernommen werden. Erst nachdem sich auch in anderen Ländern Männer Brunos Lebensweise anschlossen, mussten die Lebensgewohnheiten der Kartäuser schriftlich niedergelegt werden. So verfasste 1127 Guigo de Chastel, der von 1109 bis 1136 als Prior die Große Kartause leitete, die *Consuetudines Cartusiae*, die Lebensgewohnheiten der Kartäuser, die, in wenigen Punkten modifiziert, noch heute die Lebensregel des Ordens bilden.

Die Kartäuser sind der einzige katholische Orden, der nie reformiert wurde. Als Grund wird angegeben: „Die Kartäuser brauchten nie reformiert zu werden, weil sie nie deformiert wurden" (Cartusia numquam reformata quia numquam deformata). Das Ordensideal sollte von innen gelebt, nicht imitiert werden. Das Ordensideal war aber genau gesehen nichts! Nur Schweigen. Stille – und in der Not für die anderen da sein.

So war der Gier Boden und Nahrung entzogen. Vielleicht liegt es daran, dass La Grande Chartreuse gegen das Vergehen unempfindlich zu sein scheint.

Wie ist ein solches Phänomen möglich? Die Kartäuser stellen nicht ein Phänomen wie die anderen Ordensgemeinschaften dar. Da ist eine subtile Verschiedenheit, deren Eigenart fasziniert, aber mit unseren heutigen Sinnen nicht leicht wahrzunehmen ist. Hätten sie nicht vielleicht gerade unserem geschwätzigen Zeitalter Entscheidendes zu sagen?

* * *

3. Geschichtliche Ähnlichkeit zwischen Philosophie und Mönchtum

Das Menschenbild bei den ersten griechischen Philosophen fußte auf dem Glauben an die Vernunft als den göttlichen Wesenszug, der den Menschen kennzeichnet. Doch von daher sind weder die chaotische Entwicklung der Menschheitsgeschichte noch der gegenwärtige Zustand erklärbar.

Wir haben zwei Ebenen vor uns: die Texte und die Wirklichkeit. Sie laufen parallel.

Beim Mönchtum und den Ordensgemeinschaften verhält es sich ähnlich: Das Vorhaben und die Realität stellen zwei Ebenen dar, die wie Schienen verlaufen, die nie zusammenkommen können. Die irdische Vorwegnahme der jenseitig erhofften Vollkommenheit („anticipatio vitae coelestis") ist erklärtes Ziel. Bedingung dafür: Zügelung der Gier, Beherrschung fleischlicher und eigenwilliger Neigungen.

Als Ideal wird also das Gegenteil von dem vorgestellt, was sonst – in der „weltlichen" Gesellschaft – als das Angestrebte gilt: Geld, Ansehen, Erfolg, Selbstbestimmung, sinnliches Vergnügen. Darauf soll der Mensch verzichten, um die Freiheit des Geistes zu erlangen.

So sehr diese Lebensform gerade wegen ihrer Andersartigkeit und ihres hohen Niveaus anzieht, umso deutlicher zeigt sich die Falle.

Die Abgründe des Menschen lassen sich nicht weginterpretieren. Gier lässt sich weder mit Denken noch mit Gebeten ausschalten.

Auf die Schwierigkeiten der Philosophen mit dem eigenen Leben wurde mit ausgewählten Beispielen hingewiesen im Kapitel „Warum Denker im

Leben scheitern" in der Untersuchung *Sehnsucht. Urgrund und Abgründe* (2015).

Auch Heidegger, der Denker des 20. Jahrhunderts, hatte nachweislich unüberwindbare Probleme mit Sexgier, Machtsucht und Besitzdrang.

Philosophie und Mönchtum sind an der Unerreichbarkeit ihrer Ziele gescheitert.

Wie soll dann der Mensch mit seiner Gier umgehen? Wie könnte er seine Sehnsucht nach Licht, Geist und Freiheit mit dem Drang nach Geld, Macht und Fleisch in Einklang bringen?

Gerade diese Frage ist das Hauptthema des Romans *Das Glasperlenspiel*.

10. Kapitel
Der Glasperlenspieler
oder:
Die Gier der geistigen Elite

1. Der Spielmeister Josef Knecht

Die Problematik des Dranges nach geistiger Vollkommenheit wird in der Erzählung des Dichters Hermann Hesse *Das Glasperlenspiel* thematisiert, dessen Handlung in einem späteren Jahrhundert stattfindet. Der Untertitel lautet: *Versuch einer Lebensbeschreibung des Magister Ludi Josef Knecht samt Knechts hinterlassenen Schriften, herausgegeben von Hermann Hesse,* erschienen nach elfjähriger Arbeit 1943 in Zürich.[97]

Das Buch handelt eingangs vom *Feuilletonistischen Zeitalter.* Daraufhin wird von der Gründung des imaginären Staates *Kastalien* berichtet, in dem eine Eliteschule Glasperlenspieler ausbildet.

2. Das feuilletonistische Zeitalter

Verfasst ab 1930 bis 1942 beschreibt Hesse seine Zeit und die weitere Entwicklung anhand des Begriffes *Feuilleton,* jenes „besonders beliebten Teils im Stoff der Tagespresse", der die Hauptnahrung der bildungsbedürftigen Leser bildete; sie berichteten oder vielmehr „plauderten" über tausenderlei Gegenstände des Wissens, „und, wie es scheint, machten die klügeren dieser Feuilletonisten sich oft über ihre eigene Arbeit lustig."[98]

Da herrschen der Schein, die Oberflächlichkeit, die Quantität. Die höchsten Gegenstände werden klein gemacht und jedem billig angeboten. Bürger der Höheren Schichten prahlen über ein Wissen, das sie durch das Feuilleton, also ohne jegliche Anstrengung und ohne eigentlichen Bezug zur Sache, morgens bei der Frühstückslektüre erworben haben.

Hesse stellt hundert Jahre im Voraus das Zeitalter der Gier dar, dessen Vorgeschichte und Gegen-

---

[97] Es wird nach der Suhrkamp-Ausgabe von 1991 zitiert.
[98] Ebda., 20, z.B. beim Streiflicht der Süddeutschen Zeitung.

wart im zweiten Teil der vorliegenden Untersuchung beschrieben worden sind.

Gerade die Dürftigkeit dieser Gesellschaftsform ernötigt ein neues entgegengesetztes Lebenskonzept unter dem Zeichen des Geistes, dem sich der Mensch ausschließlich widmen soll.

3. Der imaginäre Ort „Kastalien" – Ein Kloster ohne Gott

> Kastalien ist ein kleiner Staat für sich, und unser Vicus Lusorum (=Spielerdorf) ein Städtchen innerhalb des Staates, eine kleine, aber alte und stolze Republik, ihren Schwestern gleichgeordnet und gleichberechtigt, aber in ihrem Selbstbewusstsein bestärkt und gehoben durch die besondere musische und gewissermaßen sakrale Art ihrer Funktion. Denn wir sind ja durch die Aufgabe ausgezeichnet, das eigentliche Heiligtum Kastaliens, sein einzigartiges Geheimnis und Symbol, zu hüten, das Glasperlenspiel.[99]

Bei den Benediktinern dreht sich das Dasein um das Chorgebet, wo das Absolute als die Mitte erfahren und gepriesen wird. Von diesem her und auf dieses hin existiert der Mensch. Verrichtet in kleinen Einheiten (Horen) erfüllt das gemeinsame Gebet selbst die unbedeutendsten Begebenheiten des Alltags mit dem höchsten Sinn.

Kastalien bekennt sich zu keiner historischen Religion, kennt keinen Gott. Aber es übernimmt von den monastischen Traditionen die Grundhal-

---

[99] Das Glasperlerlenspiel 254–255; daraus auch folgende Zitate.

tung, die menschliche Existenz um ein höchstes Zentrum kreisen und von ihm her verstehen zu lassen. Statt Chorgebet wird Glasperlenspiel, statt Göttliches wird Höchstmenschliches als das Entscheidende erklärt.

4. Kunstwissenschaftler statt Mönche

Die Künstler und Wissenschaftler Kastaliens sind gleichsam die Mönche eines gottlosen Klosters. Durch strenge Disziplin und Ehelosigkeit werden junge Männer befähigt, sich ausschließlich der Wissenschaft, insbesondere der Mathematik, der Sprachkunst und der Musik zu widmen. Sie bilden eine auf *das Wesentliche* konzentrierte Gemeinschaft mit erlesenen Umgangsformen. Das Wesentliche (unicum necessarium) ist also nicht mehr, wie im Mönchtum und Ordensleben, der Bezug zu Gott, sondern die ästhetische, musikalische, wissenschaftliche Dimension des irdischen Miteinanders.

Das Projekt hat absichtlich eine strukturelle und organisatorische Ähnlichkeit mit dem monastischen Ideal, was im Vergleich und in der Beziehung zur ebenso imaginären Benediktinerabtei *Mariafels* zum Ausdruck kommt. Mit der angedeuteten entscheidenden Korrektur: Anders als die Benediktiner-Abtei bekennt sich Kastalien zu keiner Religion. Es geht vielmehr um den Entwurf eines Menschentums, das sich auf der Grundlage einer hohen Bildung zu gestalten versucht. Frühere Kulturen haben auch Spiele (Ballspiel, Schachspiel u.a.) in die Mitte gestellt, um die sich die Gemeinschaft sammelt. In Kastalien soll das *Glasperlenspiel* die Mitte einnehmen.

5. Das Glasperlenspiel

Das Glasperlenspiel stellt die Realisierung einer universalen Wissenschaft zur Erreichung der geistigen Selbstverwirklichung dar. Angezielt ist, durch alle möglichen Kombinationen von mathematischen Formeln, Tönen, Farben, Sätzen usw. das Sein zu erhellen, in die Mitte seines Geheimnisses zu gelangen.

> Kastalien erzieht vorzügliche Musiker und Kunsthistoriker, Philologen, Mathematiker und andere Gelehrte. Jedes kastalische Institut und jeder Kastalier sollte nur zwei Ziele und Ideale kennen: in seinem Fache das möglichst Vollkommene zu leisten und sein Fach und sich selbst dadurch lebendig und elastisch zu erhalten, dass er es beständig mit allen anderen Disziplinen verbunden und allen innig befreundet weiß. Dieses zweite Ideal, der Gedanke der inneren Einheit aller geistigen Bemühungen des Menschen, der Gedanke der Universalität, hat in unserem erlauchten Spiel seinen vollkommenen Ausdruck gefunden.

Als solches bezweckt das Glasperlenspiel, Seinskonstruktionen zustande zu bringen. Kreativität pur. Sein als Spielen – Leben als Spielkombinationen der Wissenschaften und Künste miteinander. Der Mathematiker, der auch Musiker ist, vermag Töne in mathematische Formeln zu übertragen – genauso wie der Schachspieler durch Züge seine Strategie entwickelt. Licht wird durch Töne, Sprache durch Mimik übersetzt.[100] Hervorbringung von verborgenen, transparent werdenden Möglichkeiten (Glas-Perlen), die der Mensch mitgestaltet. Als Mitgestalter des unendlichen *Wir* im kosmischen Geschehen erreicht der Mensch den Gipfel seiner Bestimmung. Es ist der Geist, der alles in sich trägt und durch Kombination neue Wirklichkeiten aus sich hervorbringt. Den Einzelwissenschaftlern – fährt der Magister Ludi fort – könnte dieses Ideal („diese spezielle Höchstleistung") zu anstrengend oder gar unmöglich erscheinen – nicht jedoch dem ausgebildeten und geübten Glasperlenspieler:

(...), wir jedenfalls, wir Glasperlenspieler, dürfen diese Beschränkung und Selbstgenügsamkeit niemals gutheißen und üben, denn gerade unsere Aufgabe ist es ja, den Gedanken der Universitas Litterarum und seinen höchsten Ausdruck, das edle Spiel, zu hüten und immer wieder vor der Neigung der Einzeldisziplinen zur Selbstgenügsamkeit zu retten.

Der elitäre Mensch von Kastalien wird in den Stand gesetzt, wie ein Gott durch die kosmische Unendlichkeit spazieren zu gehen, indem er aus jedem Ding den absoluten Sinn herausliest. In jedem Punkt ist das Ganze. Überall ist das Unendliche. Dies sieht der Kastalier konkret.

---

[100] Der französische Dichter Arthur Rimbaud hatte den Buchstaben Farben zugeordnet und wollte eines Tages (quelque jour) die Geschichte dieser unzeitlichen Verwandlung nacherzählen: A noir, E blanc, I rouge, U vert, O bleu: voyelles, Je dirai quelque jour vos naissances latentes ...

6. Gier auf höchstem Niveau

Als Besitz, Geld und Macht nach der industriellen Revolution zum höchsten Ziel des Lebens erklärt wurden, erreichte die Lebensauffassung der abendländischen Geschichte einen Höhepunkt, der in unserer Gegenwart immer noch die Gesellschaft bestimmt. Mammon, das Geld, ist der wahre Gott des Zeitalters.

Als Gegenentwurf galt das christliche Bild des Menschen, dessen Bestimmung eigentlich vom Geist her aufgefasst wurde und sein letztes Ziel in der Gottesschau („visio beatifica") findet. Doch dieses christlich geprägte Menschenbild beeinflusst kaum mehr das Leben der Menschen.

Kastalien dagegen behält den Anspruch bei, erklärt jedoch ausdrücklich, dies sei nur die Bestimmung einer Elite:

> Das Beste und Lebendigste an unserem Institut ist das alte kastalische Prinzip der Auswahl der Besten, der Elite. (…) Eigentlich und richtig, vollwertig und mit ganzem Einsatz wird nur hier das Spiel gespielt, nur hier in unserer Elite ist es Selbstzweck und heiliger Dienst, hat nichts mehr mit Liebhaberei oder Bildungseitelkeit zu tun, nichts mit Wichtigtuerei, noch auch mit Aberglauben.[101]

7. Die Last der Geistigkeit

Doch diese ästhetische Welt, diese anspruchsvolle Realisierung der individuellen Existenz innerhalb des auf höchstem Niveau gestalteten Gemein-

---

[101] Ebda, 257.

schaftslebens scheitert am Elementaren: dem Vergehen.[102]

Mit der Zeit verbraucht sich alles. Auch die Lust vergeht. Der gierige Anspruch des Geistes, alles ein Leben lang, ja gar über den Tod hinaus, wach zu halten, ist im Wesen widersprüchlich. Die Hauptperson der Erzählung, Josef Knecht, der den höchsten Rang eines Glasperlenspielmeisters (Magister Ludi), mithin die Spitze der Gemeinschaft erreicht, hält die Spannung eines elitären, rein geistigen Daseins nicht aus und verlässt den Orden. Doppelter Grund für den Austritt: a) Ganz oben fehlt dem Menschen auf Dauer die Luft, b) auch das Höchste wird, wenn es *übermäßig* zu lang weilt, langweilig.

Das Übermäßige wurde zu Beginn der vorliegenden Untersuchung als Wesensmerkmal der Gier herausgearbeitet. Das Zuviel an Geistigem ist vielleicht erträglicher, aber nicht weniger zerstörerisch als das Zuviel an Fleischlichem.

Als der Magister Ludi entscheidet, den Orden zu verlassen, sucht er den Ordensleiter auf, um ihm seine Entscheidung mitzuteilen.
Es findet ein Gespräch statt. Dabei sagt der Ordensleiter zu Knecht:

---

[102] Zum Vergehen in tiefenphänomenologischem Sinne vgl. Verf., Der Geist der deutschen Romantik. Der Übergang vom logischen zum dichterischen Denken und der Hervorgang der Tiefenphänomenologie. München 1986, 24–34.

Ich glaube Euch nun verstanden zu haben (...) Ihr waret schon seit längerer Zeit amtsmüde oder kastalienmüde oder vom Verlangen nach dem Weltleben geplagt.[103]

Knechts Antwort ist doppelt: einerseits sei ihm das Projekt Kastalien hohl geworden:

Ist es nicht eine künstliche, sterilisierte, schulmeisterlich beschnittene Welt, eine Halb- und Scheinwelt bloß (...) ohne Laster, ohne Leidenschaften, ohne Hunger, ohne Saft und ohne Salz, eine Welt ohne Familie, ohne Mütter, ohne Kinder, ja beinahe ohne Frauen! Das Triebleben ist meditativ gebändigt (...).[104]

Darüber hinaus lehnt der Spielmeister nun aber doch Kastalien, mithin das höhere abendländische Ideal von Mensch und Gesellschaft überhaupt ab:

Ohne die Verdienste des Ordens im mindesten in Zweifel zu ziehen, könne man dem kastalischen Gedanken, dem Gedanken einer hohen Geistesbildung unter dem Zeichen kontemplativer Seelenzucht, eine eigentlich geschichtsbildende Kraft, das heißt einen lebendigen Einfluss auf die politischen Weltzustände nicht zuerkennen (...) weil alles Kastalische sich auf die Vernunft beziehe und sich innerhalb des Vernünftigen abspiele, was doch wohl von der Weltgeschichte nicht gesagt werden könne, es sei denn, man falle in die theologisch-dichterischen Schwärmereien der romantischen Geschichtsphilosophie zurück und erkläre den ganzen Mord- und Vernich-

---

[103] Das Glasperlenspiel, 353.
[104] Ebda., 344.

tungsapparat der Mächte, welche die Geschichte machen, als Methoden der Weltvernunft.[105]

8. Begeht Josef Knecht Selbstmord?

Daraufhin verzichtet der Magister Ludi auf ein Leben auf höchstem Niveau und widmet sich der bescheideneren Aufgabe eines Hauslehrers. Er übernimmt die Erziehung von Tito, dem Sohn seines Freundes Designori. Doch dann verunglückt er tödlich beim Schwimmen vor den Augen seines Schülers.

Das Buch schließt so:[106]

> Kastalien war dieser alten Familie Designori etwas schuldig geblieben; es hatte den ihm einst anvertrauten Vater dieses Tito nicht gründlich genug erzogen, es hatte ihn für seine schwierige Stellung zwischen Welt und Geist nicht stark genug gemacht, und dadurch war nicht nur der begabte und liebenswerte junge Plinio ein unglücklicher Mensch mit einem unausgeglichenen und schlecht bewältigten Leben, es war auch sein einziger Sohn noch gefährdet und in die väterliche Problematik mit hineingezogen worden.

Designori hatte Kastalien nie ganz gehört.

> Da war etwas zu heilen und wiedergutzumachen, (...) und ihm (...) schien es sinnvoll, daß diese Aufgabe gerade ihm (Knecht) zufiel, dem Ungehorsamen und scheinbar Abtrünnigen. Am Morgen, als er im Hause erwachendes Leben spürte, stand er auf, fand beim Bette einen Bademantel bereitgelegt, den er über seinem leichten Schlafkleide anzog, und

---

[105] Ebda., 405–406.
[106] Folgende Zitate aus 467 bis 474.

trat, wie es ihm Tito am Vorabend gezeigt hatte, durch eine hintere Haustür in den halboffenen Gang, der das Haus mit der Badehütte und dem See verband. Vor ihm lag der kleine See graugrün und unbewegt, jenseits ein steiler hoher Felsabhang, (...)

Tito erschien, in der Badehose, er gab dem Magister die Hand und sagte, auf die Felsen gegenüber deutend: „Sie kommen im rechten Augenblick, gleich wird die Sonne aufgehen. Ach, es ist herrlich hier oben."

Freundlich nickte Knecht ihm zu. Er wußte längst, daß Tito ein Frühaufsteher, Läufer, Ringer und Wanderer sei, schon aus Protest gegen die läßliche, unsoldatisch bequeme Haltung und Lebensführung seines Vaters, wie er auch aus eben diesem Grunde den Wein verschmähte. (...)

Tito blickte gespannt nach dem finsteren Felsgrat hinüber, hinter dem der Himmel im Morgenlicht wogte. Jetzt blitzte ein Stückchen des Steinrückens heftig auf wie glühendes und eben im Schmelzen begriffenes Metall, (...) Der Knabe, erfüllt von der feierlichen Schönheit des Augenblicks (...) reckte die Glieder mit rhythmischen Bewegungen der Arme, welchen bald der ganze Körper folgte, um in einem enthusiastischen Tanz den Tagesanbruch zu feiern (...) die ausgebreiteten Arme zogen Berg, See und Himmel an sein Herz, niederkniend schien er der Erdmutter, händebreitend den Wassern des Sees zu huldigen und sich, seine Jugend, seine Freiheit, sein innig aufflammendes Lebensgefühl wie eine festliche Opfergabe den Mächten anzubieten. (...).

Der Magister war, auch er, vom feierlichen Schauspiel des anbrechenden Tages (...) ergriffen und bewegt. Mehr aber als dieser Anblick ergriff und fesselte ihn der menschliche Vorgang vor seinen Augen, der festliche Morgen- und Sonnenbegrüßungstanz seines Schülers, der (...) ihm, dem Zuschauer, seine tiefsten und edelsten Neigungen, (...) eröffnete, (...). Dieser Fest- und Opfertanz des panisch Begeisterten war mehr, als die Reden und Verse des jungen Plinio einst gewesen waren, (...).

Der Knabe selbst war von diesem Enthusiasmus ergriffen worden, ohne zu wissen, wie ihm geschah. Es war nicht etwa ein ihm schon bekannter, von ihm schon getanzter oder versuchter Tanz, den er ausführte; (...) nicht nur Gebirgsluft, Sonne, Morgen und Freiheitsgefühl (...), sondern nicht minder die auf ihn wartende Wandlung und Stufe seines jungen Lebens, erschienen in der so freundlichen wie ehrfurchtfordernden Gestalt des Magisters. Vieles traf in dieser Morgenstunde im Schicksal des jungen Tito und in seiner Seele zusammen, (...). Ohne zu wissen, was er tue, (...) tanzte (er) seine Andacht, (...) brachte stolz zugleich und ergeben der Sonne und den Göttern im Tanz seine fromme Seele zum Opfer dar und nicht minder dem Bewunderten und auch Gefürchteten, dem Weisen und Musiker, dem aus geheimnisvollen Bezirken kommenden Meister des magischen Spieles, seinem künftigen Erzieher und Freunde.

Dies alles, gleich dem Lichtrausch des Sonnenaufgangs, währte nur Minuten. Ergriffen sah Knecht dem wunderbaren Schauspiel zu, in welchem der Schüler vor seinen Augen sich verwandelte und enthüllte, ihm neu und fremd und vollwertig als seinesgleichen entgegentrat.

Beide standen sie auf dem Gehsteige zwischen Haus und Hütte, von der Lichtfülle aus Osten gebadet und vom Wirbel des eben Erlebten tief erregt, als Tito, kaum hatte er den letzten Schritt seines Tanzes getan, aus dem Glückstaumel erwachte und wie ein beim einsamen Spielen überraschtes Tier stehenblieb, gewahr werdend, daß er nicht allein sei, daß er nicht nur Ungewöhnliches erlebt und getan, sondern auch einen Zuschauer dabei gehabt habe. Blitzschnell folgte er dem ersten Einfall, der ihm ermöglichte, aus der Lage zu entkommen, die er plötzlich als irgendwie gefährlich und beschämend zu erkennen meinte, und die Zauber dieser wunderlichen Augenblicke, die ihn so völlig eingesponnen und überwältigt hatten, kräftig zu durchbrechen. Sein eben noch alterslos maskenstrenges Gesicht nahm einen kindlichen und etwas törichten Ausdruck an, wie das eines allzu plötzlich aus tiefem Schlaf Geweckten, er wiegte sich ein wenig in den Knien, blickte dem Lehrer dumm-erstaunt ins Gesicht und streckte mit plötzlicher Eile, als falle ihm soeben etwas Wichtiges, beinahe schon Versäumtes ein, den rechten Arm mit zeigender Gebärde aus, auf das jenseitige Seeufer weisend, das wie die Hälfte der Seebreite noch in dem großen Schatten lag, den der vom Morgenstrahl bezwungene Felsberg allmählich immer enger um seine Basis zusammenzog. „Wenn wir sehr schnell schwimmen", rief er hastig und knabeneifrig, „so können wir grade noch vor der Sonne am andern Ufer sein."

Die Worte waren kaum hervorgestoßen, die Parole zum Wettschwimmen mit der Sonne kaum erteilt, so war Tito mit einem gewaltigen Satz, den Kopf voran, im See verschwunden, (...). Das Wasser spritzte auf und schlug über ihm zusammen, einige Augenblicke später erschienen Kopf, Schultern und Arme wieder und blieben, sich rasch entfernend, auf dem blaugrünen Spiegel sichtbar.

Knecht hatte, als er hier herauskam, keineswegs im Sinne gehabt, zu baden und zu schwimmen, es war ihm viel zu kühl und nach der halbkrank verbrachten Nacht viel zu wenig wohl gewesen. Jetzt, in der schönen Sonne, angeregt durch das soeben Geschaute, kameradschaftlich eingeladen und angerufen von seinem Zögling, fand er das Wagnis weniger abschreckend. (...) Eilig zog er den leichten Morgenmantel aus, holte tief Atem und warf sich an derselben Stelle ins Wasser, an der sein Schüler untergetaucht war.

Der See, aus Gletscherwassern gespeist und selbst im wärmsten Sommer nur für sehr Abgehärtete bekömmlich, empfing ihn mit einer Eiseskälte von schneidender Feindseligkeit. Er war auf einen tüchtigen Schauder gefaßt gewesen, nicht aber auf diese grimmige Kälte, (...).

Er war nach dem Absprung schnell wieder emporgetaucht, entdeckte mit großem Vorsprung vor sich den Schwimmer Tito wieder, fühlte sich von dem Eisigen, Wilden, Feindseligen bitter bedrängt und glaubte noch um die Verringerung des Abstandes, um das Ziel des Wettschwimmens, um die Achtung und Kameradschaft, um die Seele des Knaben zu kämpfen, als er schon mit dem Tode kämpfte, der ihn gestellt und zum Ringen umarmt hatte. Mit allen Kräften kämpfend hielt er ihm stand, so lange das Herz noch schlug. Der junge Schwimmer hatte des öftern zurückgeblickt und mit Genugtuung wahrgenommen, daß der Magister ihm ins Wasser gefolgt sei. Nun spähte er wieder, sah den andern nicht mehr, wurde unruhig, spähte und rief, kehrte um und beeilte sich, um ihm beizustehen. Er fand ihn nicht mehr und suchte schwimmend und tauchend so lange nach dem Versunkenen, bis in der bittern Kälte auch ihm die Kräfte schwanden.

Taumelnd und atemlos kam er endlich an Land, sah den Bademantel am Ufer liegen, hob ihn auf und begann sich damit mechanisch Leib und Glieder abzureiben, bis die erstarrte Haut sich wieder erwärmte. In der Sonne setzte er sich nieder wie betäubt, starrte ins Wasser, (...).

O weh, dachte er entsetzt, nun bin ich an seinem Tode schuldig! Und erst jetzt, wo kein Stolz zu wahren und kein Widerstand mehr zu leisten war, spürte er im Weh seines erschrockenen Herzens, wie lieb er diesen Mann schon gehabt hatte. Und indem er sich, trotz allen Einwänden, an des Meisters Tode mitschuldig fühlte, überkam ihn mit heiligem Schauer die Ahnung, daß diese Schuld ihn selbst und sein Leben umgestalten und viel Größeres von ihm fordern werde, als er bisher je von sich verlangt hatte.

9. Ist Menschsein nur Aufgabe für eine Elite?

Hermann Hesse lässt die Fragen offen: Nimmt sich Josef Knecht das Leben oder kommt er vielmehr um? Bedeutet dieses Umkommen *im Wasser* Abbruch des sinnlosen Strebens nach absoluter Vollkommenheit?

Das Wasser, Ursprung des Lebens, ist das flüssige Naturelement, ermöglicht die Flexibilität, die Neugeburt.

Von daher ergibt sich die weitere Frage: Wird Tito durch den tragischen Tod seines Lehrers lernen, dass der Mensch kein Wesen der Höhe, aber auch kein Kriechtier ist? Der Mensch ist weder Adler noch Schlange noch Fisch. Zwar kann er irgendwie fliegen, kriechen, schwimmen, aber nichts vollkommen. So hätte er noch die eigentliche Dimension seines Daseins zu entdecken: *die Erde*, auf der er als unruhiges fleischliches und ätherisches Wesen zu *gehen* hat.

Josef Knecht, Lehrer und Meister des Spiels (Magister Ludi) kommt im Wasser, dem Urelement, um, wo das Leben beginnt. In Kastalien spielte die Musik eine zentrale Rolle. Die Schlussfolgerung des Ertrinkens in Gegenwart seines Schülers Tito scheint auf der Hand zu liegen: Der Mensch hat die Symphonie seines Daseins von vorne, *da capo*, neu zu komponieren.

* * *

10. Meine Gier und ich

Der mathematisch und musikalisch ausgebildete Josef Knecht bekennt sich nach dem Bruch mit dem Orden zu seiner wahren Natur. Der Mensch ist eigentlich kein Vernunftwesen. Er wird von Gefühlen geformt und von Gefühlen getragen, und ist nur auf dem Wege der Gefühle zu erreichen. Die Annahme einer Weltvernunft, an welcher der Einzelmensch individuell teilnimmt, bleibt ein notwendiges Märchen, um Ordnung ins Ganze zu bringen.

In der utopischen Konstruktion des Glasperlenspiels wird die Handlung im 23. Jahrhundert situiert. Wie hat Hesse dieses Datum aufgefasst? Meinte er etwa, der Mensch könnte bis dahin das Naheliegende einsehen?

Das Zeitalter der Gier – das 21. Jahrhundert – wäre eine Station unterwegs zu einem Bruch. Der Abgrund öffnet sich. Hier – in der Welt, die wir Zivilisation nennen – ist vieles faul geworden. Doch auf der anderen Seite der Kluft wird neu begonnen. Wie vielen wird es gelingen, das andere Ufer zu erreichen? Ist vielleicht eine Elite dort schon ansässig?

11. Kapitel

Der Mensch und seine Pläne

Was ändert sich dann durch die Einsicht, dass uns die Gier nie verlässt, weil sie zu unserer Natur gehört?

Es könnte sich die Grundhaltung ändern – und daraus eine neue, zumindest individuell erfolgversprechende Strategie für den Kampf entworfen werden.

Denn auch die Sehnsucht nach Höhe und Reinheit begleitet uns immer. Das Dasein ist gespannt: nach unten will die Gier, nach oben die Sehnsucht.

Ferner: Weder die fleischliche noch die geistige Gier können mit Argumenten, Vorsätzen oder Gebeten besiegt werden.

Die fleischliche Gier ist stärker als das Denken, die geistige Gier immun gegen das Gebet.

Doch sowohl ganz unten als auch ganz oben erstickt der Mensch.

Wir kennen also die Extreme:

Die Gier des Fleisches ist dabei, die Gesellschaft und die Erde zu zerstören.

Die Gier des Geistes verfolgt Ziele, die dem Menschen unerreichbar sind.

Wo wäre dann die richtige Ebene für ihn? Wie vermöchte er seine Mitte zu erreichen?

Im Hinblick darauf hat – im Vergleich zu früheren Epochen – eine Vereinfachung stattgefunden. Der Drang nach Geld und Besitz und der Drang nach Wissen und Macht sind in der Technik übereingekommen. Gegenwärtig kann – ohne zu übertreiben – apodiktisch behauptet werden: Es geht überall, auf allen Gebieten und auf allen Ebenen in erster Linie darum, Geld zu verdienen, Besitz zu vermehren, Macht zu haben. Diesem Ziel ist alles andere – Familie, Karriere, Politik, Religion, Sport, Wissenschaft – untergeordnet.

Diese lückenlose Dominanz der Gier ist wohl einzigartig in der Geschichte. Der Nachvollzug dieser Situation kann für uns als positive Folge haben: Wir kennen jetzt besser Möglichkeiten und Sinn einer realistischen Gegenwirkung.

Es kann nämlich im Zeitalter der Gier nicht mehr darum gehen, die Gesellschaft zu reformieren, weil Reform, Revolution u.ä. sofort in Ware verwandelt und zum Verkauf angeboten werden. Doch im Einzelnen bleibt vielleicht noch die Unzufriedenheit, die Sehnsucht nach Reinheit und Wert. So scheint die Stunde gekommen zu sein, sich selbst – den Wert der Einzelheit – entsprechend neu zu entdecken.

Aus den vielen Angeboten der Geschichte könnte für die Zukunft brauchbar sein, in kleinen Gruppen die natürliche Sehnsucht nach Echtheit bei Kindern und jungen Menschen pflegen, gedeihen zu lassen.

Keine Ideologie. Abstand nehmen von jeder Abhängigkeit. Ideen und Pläne sollen da sein, damit das Leben Freude machen und sich entfalten mag.
Statt Ideologien zu huldigen Mythen stiften, Erfahrungen zur gemeinsamen Bereicherung weitergeben.

Medien für die Erziehung wären:
Spielen, Erzählen, Singen.

Die höheren Dimensionen immer wieder aufsuchen, aber die transzendentale Welt aus *tiefenphänomenologischer* Naturerfahrung hervorbringen, das heißt aus der *Bescheidenheit* im Umgang damit. Die Natur ist nicht da, um dem Menschen zu dienen, sondern Mensch und Natur sind da, damit Leben möglich und fröhlich sei.

Das Göttliche wird hervorgedichtet. Dadurch ereignet sich der Neubeginn. Dies geschah immer, nun aber bewusst und gewollt. *Endgültigkeiten* stellen Wesenszüge des Liebesspiels dar, sie gelten also solange das Spiel läuft. Endgültigkeit an sich ist in der Welt der Endlichkeit eigentlich nicht möglich.

Wege der Seins- und Selbsterfahrung: Sprachen, Mythologie, Märchen, Mathematik, Physik, Astronomie, Musik, Biologie, Chemie, Sport.

Familie: Da der Mensch vom Wesen her unstet ist und die Freude des Zusammenseins bald verbraucht, sollte er nichts auf lange Sicht planen.

Ehen sollten nur auf Zeit geschlossen werden – mit der Möglichkeit der Verlängerung, aber ohne die Verpflichtung zu einer endgültigen Bindung. So könnten diejenigen, die zusammenbleiben können und wollen, es uneingeschränkt tun. Aber diejenigen, die auseinandergehen, wären nicht geschieden, sie trennten sich nur vereinbarungsgemäß. Bindungen und Trennungen – so wie Anfang und Ende – gehören zum Leben. Die Dauer der Vereinbarung wird je nach psychischer Verfasstheit von den Betroffenen selbst bestimmt.

Ordensgemeinschaften und Priestertum: Aus den gerade erwähnten Gründen werden Profess und Weihe ebenso nur auf Zeit geschlossen – mit der Möglichkeit wiederholter Verlängerung.

Berufe: Jeder Mensch sollte mehrere Berufe erlernen, um sie wechseln zu können, wenn sich die Lust verbraucht.

Bezahlung: Jeder sollte so viel verdienen, dass er Wohnung, Nahrung, Kleidung und Freizeit finanzieren kann. Aber niemand sollte doppelt so viel verdienen wie andere, welche den gleichen Beruf ausüben.

Pflege: Für Krankheit und Alter sollte für alle in gleicher Weise vorgesorgt werden.

Diese Vorschläge setzen die ständige Erinnerung daran voraus, dass Gier sich auf Dauer gegen den Menschen, gegen Familie, Umwelt und Gesellschaft, wendet.

Bis sich diese Überzeugungen dem Menschen als Engramme einprägen, könnten mehrere Generationen vergehen.

Anmerkung:
Engramm (aus dem Griechischen „Inschrift") bezeichnet die physiologische Spur, die das Erlebte im Gehirn hinterlässt. Engramme bewahren die Erlebnisse, ermöglichen dadurch die Wiedererkennung des Gewesenen und programmieren die Antworten auf die Reize der Umwelt vor. Milliarden von Engrammen im Gehirn stiften das Gedächtnis.

Die Gestaltung eines solchen physiologischen Gedächtnisses des Guten könnte vielleicht dazu beitragen, die Gesellschaft und ihre Individuen zu erneuern.

12. Kapitel

Sind die Armen selig? Wenn ja, welche und warum?
Der Meister antwortet[107]

Die Seligkeit tat ihren Mund der Weisheit auf und sprach: „Selig sind die Armen im Geiste, das Himmelreich ist ihrer" (Matth. 5, 3). Alle Engel und alle Heiligen und alles, was je geboren ward, das muß schweigen, wenn diese ewige Weisheit des Vaters spricht; denn alle Weisheit der Engel und aller Kreaturen, das ist ein reines Nichts vor der grundlosen Weisheit Gottes. Diese Weisheit hat gesprochen, daß die Armen selig seien.

Nun gibt es zweierlei Armut. Die eine ist eine äußere Armut, und die ist gut und sehr zu loben an dem Menschen, der sie mit Willen auf sich nimmt aus Liebe zu unserm Herrn Jesus Christus, weil der sie selbst auf Erden gehabt hat. Von dieser Armut will ich nicht weiter sprechen. Indessen, es gibt noch eine andere Armut, eine innere Armut, die unter jenem Wort unseres Herrn zu verstehen ist, wenn er sagt: „Selig sind die Armen im Geiste."

---

[107] Beati pauperes (Selig die Armen). In: Josef QUINT, *Meister Eckhart, Deutsche Predigten und Traktate*, München 1963.

Nun bitte ich euch, ebenso (arm) zu sein, auf daß ihr diese Rede verstehet; denn ich sage euch bei der ewigen Wahrheit: Wenn ihr dieser Wahrheit, von der wir nun sprechen wollen, nicht gleicht, so könnt ihr mich nicht verstehen.

Etliche Leute haben mich gefragt, was (denn) Armut in sich selbst und was ein armer Mensch sei. Darauf wollen wir antworten.

Bischof Albrecht sagt, das sei ein armer Mensch, der an allen Dingen, die Gott je erschuf, kein Genügen habe –, und das ist gut gesagt. Wir aber sagen es noch besser und nehmen Armut in einem (noch) höheren Verstande: Das ist ein armer Mensch, der *nichts will* und *nichts weiß* und *nichts hat*. Von diesen drei Punkten will ich sprechen, und ich bitte euch um der Liebe Gottes willen, daß ihr diese Wahrheit versteht, wenn ihr könnt. Versteht ihr sic aber nicht, so bekümmert euch deswegen nicht, denn ich will von so gearteter Wahrheit sprechen, wie sie nur wenige gute Leute verstehen werden.

Zum ersten sagen wir, daß der ein armer Mensch sei, der *nichts will*. Diesen Sinn verstehen manche Leute nicht richtig: Es sind jene Leute, die in Bußübung und äußerlicher Übung an ihrem selbstischen Ich festhalten, was diese Leute jedoch für groß erachten. Erbarm's Gott, daß solche Leute so wenig von der göttlichen Wahrheit erkennen! Diese Menschen heißen heilig des äußeren Anscheins, aber von innen sind sie Esel, denn sie erfassen nicht den eigentlichen Sinn göttlicher Wahrheit. Diese Menschen sagen zwar (auch), das sei ein armer Mensch, der nichts will. Sie deuten das aber so: daß der Mensch so leben müsse, daß er seinen (eigenen) Willen nimmermehr in irgendetwas erfülle, daß er (vielmehr) danach trachten solle, den allerliebsten Willen Gottes zu erfüllen. Diese Menschen sind wohl daran, denn ihre Meinung ist gut; darum wollen wir sie loben. Gott möge ihnen in seiner Barmherzigkeit das Himmelreich schenken. Ich aber sage bei der göttlichen Wahrheit, daß diese Menschen keine (wirklich) armen Menschen sind noch armen Menschen ähnlich. Sie werden als groß angesehen in den Augen (nur) der Leute, die nichts Besseres wissen. Doch ich sage, daß sie Esel sind, die nichts von göttlicher Wahrheit verstehen. Wegen ihrer guten Absicht mögen sie das Himmelreich erlangen; aber von der Armut, von der ich jetzt sprechen will, davon wissen sie nichts.

Wenn einer mich nun fragte, was denn aber das sei: ein armer Mensch, der nichts will, so antworte ich darauf und sage so: Solange der Mensch dies noch an sich hat, daß es sein Wille ist, den allerliebsten Willen Gottes erfüllen zu wollen, so hat ein solcher Mensch nicht die Armut, von der wir sprechen wollen; denn dieser Mensch hat (noch) einen Willen, mit dem er dem Willen Gottes genügen will, und das ist nicht rechte Armut. Denn, soll der Mensch wahrhaft Armut haben, so muß er seines geschaffenen Willens so ledig sein, wie

er's war, als er (noch) nicht war. Denn ich sage
euch bei der ewigen Wahrheit: Solange ihr den
Willen habt, den Willen Gottes zu erfüllen, und
Verlangen habt nach der Ewigkeit und nach Gott,
solange seid ihr nicht richtig arm. Denn nur das
ist ein armer Mensch, der nichts will und nichts
begehrt.

Als ich (noch) in meiner ersten Ursache stand,
da hatte ich keinen Gott, und da war ich Ursache
meiner selbst. Ich wollte nichts, ich begehrte
nichts, denn ich war ein lediges Sein und ein Er-
kenner meiner selbst im Genuß der Wahrheit. Da
wollte ich mich selbst und wollte nichts sonst;
was ich wollte, das war ich, und was ich war, das
wollte ich, und hier stand ich Gottes und aller
Dinge ledig. Als ich aber aus freiem Willensent-
schluß ausging und mein geschaffenes Sein empfing, da hatte ich einen Gott; denn ehe die Kreaturen waren, war Gott (noch) nicht „Gott": er war
vielmehr, was er war. Als die Kreaturen wurden
und sie ihr geschaffenes Sein empfingen, da war
Gott nicht in sich selber Gott, sondern in den
Kreaturen war er Gott.

Nun sagen wir, daß Gott, soweit er (lediglich)
„Gott" ist, nicht das höchste Ziel der Kreatur ist.
Denn so hohen Seinsrang hat (auch) die geringste
Kreatur in Gott. Und wäre es so, daß eine Fliege
Vernunft hätte und auf dem Wege der Vernunft
den ewigen Abgrund göttlichen Seins, aus dem sie
gekommen ist, zu suchen vermöchte, so würden

wir sagen, daß Gott mit alledem, was er als „Gott"
ist, nicht (einmal) dieser Fliege Erfüllung und Genügen zu schaffen vermöchte. Darum bitten wir
Gott, daß wir „Gottes" ledig werden und daß wir
die Wahrheit dort erfassen und ewiglich genießen,
wo die obersten Engel und die Fliege und die Seele
gleich sind, dort, wo ich stand und wollte, was ich
war, und war, was ich wollte. So denn sagen wir:
Soll der Mensch arm sein an Willen, so muß er so
wenig wollen und begehren, wie er wollte und begehrte, als er (noch) nicht war. Und in dieser Weise ist der Mensch arm, der nichts will.

Zum andern Male ist das ein armer Mensch, der
nichts weiß. Wir haben gelegentlich gesagt, daß
der Mensch so leben sollte, daß er weder sich selber noch der Wahrheit noch Gott lebe. Jetzt aber
sagen wir's anders und wollen weitergehend sagen: Der Mensch, der diese Armut haben soll, der
muß so leben, daß er nicht (einmal) weiß, daß er
weder sich selber noch der Wahrheit noch Gott
lebe. Er muß vielmehr so ledig sein alles Wissens,
daß er nicht wisse noch erkenne noch empfinde,
daß Gott in ihm lebt, – mehr noch: er soll ledig
sein alles Erkennens, das in ihm lebt. Denn, als
der Mensch (noch) im ewigen Wesen Gottes stand,
da lebte in ihm nicht ein anderes; was da lebte,
das war er selber. So denn sagen wir, daß der
Mensch so ledig sein soll seines eigenen Wissens,
wie er's tat, als er (noch) nicht war, und er lasse
Gott wirken, was er wolle, und der Mensch stehe
ledig.

Alles, was je aus Gott kam, das ist gestellt auf ein lauteres Wirken. Das dem Menschen zubestimmte Wirken aber ist: Lieben und Erkennen. Nun ist es eine Streitfrage, worin die Seligkeit vorzüglich liege. Etliche Meister haben gesagt, sie liege in der Liebe, andere sagen, sie liege in der Erkenntnis und in der Liebe, und die treffen's (schon) besser. Wir aber sagen, daß sie weder in der Erkenntnis noch in der Liebe liege; es gibt vielmehr ein Etwas in der Seele, aus dem Erkenntnis und Liebe ausfließen; es selbst erkennt und liebt nicht, wie's die Kräfte der Seele tun. Wer dieses (Etwas) kennen lernt, der erkennt, worin die Seligkeit liegt. Es hat weder Vor noch Nach, und es wartet auf nichts Hinzukommendes, denn es kann weder gewinnen noch verlieren. Deshalb ist es auch des Wissens darum, daß Gott in ihm wirke, beraubt; es ist vielmehr selbst dasselbe, das sich selbst genießt in der Weise, wie Gott es tut.

So quitt und ledig also, sage ich, soll der Mensch stehen, daß er nicht wisse noch erkenne, daß Gott in ihm wirke, und so kann der Mensch Armut besitzen.

Die Meister sagen, Gott sei ein Sein und ein vernünftiges Sein und erkenne alle Dinge. Ich aber sage: Gott ist weder Sein noch vernünftiges Sein noch erkennt er dies oder das. Darum ist Gott ledig aller Dinge – und (eben) darum ist er alle Dinge. Wer nun arm im Geiste sein soll, der muß arm sein an allem eigenen Wissen, so daß er von nichts wisse, weder von Gott noch von Kreatur noch von sich selbst. Darum ist es nötig, daß der Mensch danach begehre, von den Werken Gottes nichts zu wissen noch zu erkennen. In dieser Weise vermag der Mensch arm zu sein an eigenem Wissen.

Zum dritten ist das ein armer Mensch, der *nichts hat.* Viele Menschen haben gesagt, das sei Vollkommenheit, daß man nichts an materiellen Dingen der Erde (mehr) besitze, und das ist wohl wahr in dem Sinne: wenn's einer mit Vorsatz so hält. Aber dies ist nicht der Sinn, den ich meine.

Ich habe vorhin gesagt, das sei ein armer Mensch, der nicht (einmal) den Willen Gottes erfüllen will, der vielmehr so lebe, daß er seines eigenen Willens und des Willens Gottes so ledig sei, wie er's war, als er (noch) nicht war. Von dieser Armut sagen wir, daß sie die höchste Armut ist. – Zum zweiten haben wir gesagt, das sei ein armer Mensch, der (selbst) vom Wirken Gottes in sich nichts weiß. Wenn einer des Wissens und Erkennens so ledig steht, so ist das die reinste Armut. – Die dritte Armut aber, von der ich nun reden will, die ist die äußerste: es ist die, daß der Mensch nichts hat.

Nun gebt hier genau acht! Ich habe es (schon) oft gesagt, und große Meister sagen es auch: der Mensch solle aller Dinge und aller Werke, innerer wie äußerer, so ledig sein, daß er eine eigene Stätte Gottes sein könne, darin Gott wirken könne. Jetzt aber sagen wir anders. Ist es so, daß der Mensch aller Dinge ledig steht, aller Kreaturen und seiner selbst und Gottes, steht es aber noch so mit ihm, daß Gott in ihm eine Stätte zum Wirken findet, so sagen wir: Solange es das noch in dem Menschen gibt, ist der Mensch (noch) nicht arm in der eigentlichsten Armut. Denn Gott strebt für sein Wirken nicht danach, daß der Mensch eine Stätte in sich habe, darin Gott wirken könne; sondern das (nur) ist Armut im Geiste, wenn der Mensch so ledig Gottes und aller seiner Werke steht, daß Gott, dafern er in der Seele wirken wolle, jeweils selbst die Stätte sei, darin er wirken will, – und dies täte er (gewiß) gern. Denn, fände Gott den Menschen so arm, so wirkt Gott sein eigenes Werk und der Mensch erleidet Gott so in sich, und Gott ist eine eigene Stätte seiner Werke; der Mensch (aber) ist ein reiner Gott-Erleider in seinen (= Gottes) Werken angesichts der Tatsache, daß Gott einer ist, der in sich selbst wirkt. Allhier, in dieser Armut erlangt der Mensch das ewige Sein (wieder), das er gewesen ist und das er jetzt ist und das er ewiglich bleiben wird.

Es gibt ein Wort Sankt Pauls, in dem er sagt: „Alles, was ich bin, das bin ich durch die Gnade Gottes" (1 Kor. 15, 10). Nun aber scheint diese (meine) Rede (sich) oberhalb der Gnade und oberhalb des Seins und oberhalb der Erkenntnis und des Willens und alles Begehrens (zu halten) – wie kann denn (da) Sankt Pauls Wort wahr sein? Darauf hätte man dies zu antworten: daß Sankt Pauls Worte wahr seien. Daß die Gnade in ihm war, das war nötig, denn die Gnade Gottes bewirkte in ihm, daß die „Zufälligkeit" zur Wesenhaftigkeit vollendet wurde. Als die Gnade endete und ihr Werk vollbracht hatte, da blieb Paulus, was er war.

Ein großer Meister sagt, daß sein Durchbrechen edler sei als sein Ausfließen, und das ist wahr. Als ich aus Gott floß, da sprachen alle Dinge: Gott ist. Dies aber kann mich nicht selig machen, denn hierbei erkenne ich mich als Kreatur. In dem Durchbrechen aber, wo ich ledig stehe meines eigenen Willens und des Willens Gottes und aller seiner Werke und Gottes selber, da bin ich über allen Kreaturen und bin weder „Gott" noch Kreatur, bin vielmehr, was ich war und was ich bleiben werde jetzt und immerfort. Da empfange ich einen Aufschwung, der mich bringen soll über alle Engel. In diesem Aufschwung empfange ich so großen Reichtum, daß Gott mir nicht genug sein kann mit allem dem, was er als „Gott" ist, und mit allen seinen göttlichen Werken; denn mir wird in diesem Durchbrechen zuteil, daß ich und Gott eins sind. Da bin ich, was ich war, und da nehme ich weder ab noch zu, denn ich bin da eine unbewegliche Ursache, die alle Dinge bewegt. Allhier findet Gott keine Stätte (mehr) in dem Menschen, denn der Mensch erringt mit dieser Armut, was er ewig gewesen ist und immerfort bleiben wird. Allhier ist Gott eins mit dem Geiste, und das ist die eigentlichste Armut, die man finden kann.

Wer diese Rede nicht versteht, der bekümmere sein Herz nicht damit. Denn solange der Mensch dieser Wahrheit nicht gleicht, solange wird er diese Rede nicht verstehen. Denn es ist eine unverhüllte Wahrheit, die da gekommen ist aus dem Herzen Gottes unmittelbar. Daß wir so leben mögen, daß wir es ewig erfahren, dazu helfe uns Gott. Amen.

Zum Beschluss:
Dem Dichter das Wort

Das Glasperlenspiel

von Hermann Hesse[108]

Musik des Weltalls und Musik der Meister
Sind wir bereit in Ehrfurcht anzuhören,
Zu reiner Feier die verehrten Geister
Begnadeter Zeiten zu beschwören.

Wir lassen vom Geheimnis uns erheben
Der magischen Formelschrift, in deren Bann
Das Uferlose, Stürmende, das Leben,
Zu kleinen Gleichnissen gerann.

Sternbildern gleich ertönen sie kristallen,
In ihrem Dienst ward unserm Leben Sinn,
Und keiner kann aus ihren Kreisen fallen,
Als nach der heiligen Mitte hin.

Der letzte Glasperlenspieler

von Hermann Hesse[109]

Er war einst groß im Spiel mit den Symbolen,
War vieler Künste, vieler Sprachen Meister,
War ein weltkundiger, ein weitgereister,
Berühmter Mann gekannt bis zu den Polen,

---

[108] Ebda, 487.
[109] Ebda, 479.

Umgeben stets von Schülern und Kollegen.
Jetzt blieb er übrig, alt, verbraucht allein,
Es wirbt kein Jünger mehr um seinen Segen,
Es lädt ihn kein Magister zum Disput;
Sie sind dahin, und auch die Tempel, Büchereien,
Schulen Kastaliens sind nicht mehr ...
                                        Der Alte ruht
Im Trümmerfeld, die Perlen in der Hand,
Hieroglyphen, die einst viel besagten,
Nun sind sie nur noch bunte gläserne Scherben.
Sie rollen lautlos aus des Hochbetagten
Händen dahin, verlieren sich im Sand ...

Ode an das Unbekannte

von José Sánchez de Murillo

Es ist da
immer noch nicht
die Gegenwart.
So lass uns träumen,
was dann geschah,
als nichts da war
von dem,
was uns bekannt.

Sind wir schon da,
bei der Geburt des Unterwegs?
Lästig die Last.

Es war gerade Nacht
und schrie das Kind.
Der Morgen öffnet sich,
von innen kommt das Licht
und nun ist es schon Tag.

Nur Drang
und keine Pläne.
Die Wonne weilte lang
ganz frei der Horizont
Und die Gestalt
fing an
sich zu bewegen
und wollte sprechen
und kam und sprach.

Es war alles so neu
Und ich war voll Elan,
adsum,
ich bin stets da,
wie Fluss und Meer,
und Himmel und Erd,
der Schnee ist kalt
und auf dem Berg
der Stein hart.
Heiß,
auf der Wüste
stets der Sand.

Die Städte voll
Menschen im Dorf,
da spricht nur Gott,
einsam die Gass.

Plötzlich öffnet sich der Boden. Feuer bricht aus dem
Schoß empor. Auch der Himmel tut sich auf. Wasser
füllt alles und überschwemmt den Horizont. Die Häuser sind verschlungen, die Herzen nicht mehr verbunden. Einsamkeit. Lärm. Gewalt. Was sollen wir nun
machen? Wir suchten nur Gott, gefunden bloß die
Macht. Die Nacht ist nun vorbei, der Tag ist wieder da.

Das Kind schreit, das noch nicht weiß, ob gut und böse ist, es ist das Licht, das Helle bringt und frische Luft, die Kühle hebt die Lebenslust.

Ich bin noch nicht und will nicht sein, wo Lärm bestimmt, das Kind schläft, die Mutter wacht, ich seh kein Grab und auch kein Licht, die Helle geht und ruhet sanft.

Das Feuer brennt, das Wasser schwemmt. Die Berge schauen zu, wie sich die Meere anbrüllen und kommen um im Ozean. Der Kosmos ist ein Grab.

Es war mein Traum. Wer bin ich? Ich bin doch nicht. Und will nicht sein. Nur frei atmen, schlafen friedlich in der Nacht. Der Tag soll leben. Die Freude ist hier. Das Glück ist da. Freude und Glück sind überall.

War das mein Traum?
Träume träumen Welten
hervor,
die ich nicht kenne,
nicht kennen will,
damit sie seien
und bergen mögen
bis zu dem Punkt,
ein Hügel,
kein Schluss,
nur Ende für den Anfang
ist Geburt.

München, 14.12.2017
Am Festtag des Dichters
Johannes vom Kreuz

Nachtrag

Über Geld, Ökonomie und Wirtschaft
Warum Reformen meistens scheitern

Inhalt

---

1. Gegenwärtige Herrschaft der Gier

Gier war immer, doch nicht als derart bestimmendes Weltphänomen. Das Verständnis hat sich geradezu umgedreht: Was jahrhundertelang als verhängnisvolle Neigung galt, wird jetzt als Grundbedingung für Wohlstand angesehen: Ohne Gier gehe nichts, lautet die Parole. Erst die Gier ermögliche Produktivität, begründe Wohlstand. Auf diese Weise herrscht sie auf allen Ebenen. Ihre Machenschaften sind voll im Gange. Kaum ist die Empörung wegen der *Panama-Papiere* abgeklungen, bricht eine neue Variante von Korruption im großen Stil auf: die *Paradise-Papers*.

291

Die mediale Aufarbeitung kommt nicht mehr mit. Gier, die hungrige Verführerin, ist schneller als ihre Verfolger.

Auf der anderen Seite ist ihre zerstörerische Kraft offensichtlich. So trifft eigentlich beides zu: *Gier ist gut* und *Gier zerstört alles!*

Doch in unserer Zeit offenbart das Phänomen besonders verhängnisvolle Seiten seiner Eigenart:

In der ersten Hälfte des 20. Jahrhunderts verursachte die *militärisch verkleidete* Gier mit zwei Weltkriegen eine ungeahnte Brutalität.

Heute bevorzugt sie die Tarnung mit Anzügen und Krawatten bei Banken, Hochschulen, Konzernen und Ministerien.

Dem Militarismus folgte der Bankoholismus.

Diese Entwicklung zwingt zu einer philosophisch fundierten Problemstellung. Mit Kategorien wie Geist, Vernunft und Verstand kann die Weltlage kaum erklärt werden.

Warum konnte es so werden, wie es geworden ist? Eine Antwort darauf hat die vorliegende Abhandlung versucht, indem sie den Menschen gleichsam nackt zeigt, d.h. so, wie er wirklich ist – nicht so, wie er sein möchte bzw. zu sein vorgibt.

Der Mensch: Ein Insgesamt von Gefühlen, Abgründen und Sehnsüchten, von Zärtlichkeit und Brutalität – unter dem Mantel von schönen Worten, die vom eigentlichen Problem seit Jahrhunderten ablenken.

Es geht also um eine epochale Entblößung, auf dass der Kranke ernsthaft untersucht werden kann.

2. Abhängigkeit als Krankheit

In dieser Dynamik seines Wesens liegt die Wurzel der Entwicklung des natürlichen Dranges zur Sucht. Dass Gier zu einer epochalen Krankheit geworden ist, ist eine *Grundthese* der vorliegenden Abhandlung, die sich auf neueste Ergebnisse der medizinischen Forschung stützen kann. Wegen der metaphysischen Herkunft der Gier allerdings und der entsprechenden Eigenart der Erkrankung gehört zu unserer Forschungsthese die Notwendigkeit einer Zusammenarbeit von Medizin und Philosophie.

Wenn unter Sucht eine körperliche oder seelische, physiologische, psychische oder soziale Abhängigkeit verstanden wird, die deshalb Krankheitscharakter hat, weil sie sich nicht mit natürlicher Abhängigkeit (von Nahrung, Luft usw.) decken lässt noch eine einfache Gewohnheit ist, dann muss Gier aus medizinisch-philosophischen Gründen zu einer Pandemie erklärt werden, bei der gesellschaftliche und individuelle Aspekte überein- kommen. Der Teufelskreis: Weil das Haben zu ei- ner entscheidenden Dimension in der Gesellschaft geworden ist, treibt der Besitzdrang die Individuen übermäßig. Weil die Individuen aber vor allem nach Besitz streben, behält das Haben die Herrschaft. Es ist die Katze, die sich in den Schwanz beißt.

Noch wehren sich Allgemeinheit und Behörden dagegen, Geldgier als Pathologie einzustufen. Doch auch die Süchte Rauchen, Spielen u.ä. brauchten lange, bis sie offiziell als Krankheiten angesehen wurden. Inzwischen ist es nachgewiesen, dass Geldsucht Folgen im Hirn hat; durch Aktivierung des Nucleus accumbens führt eine Verstärkung der Dopaminfreisetzung zur Euphorie mit Zittern, Schlaflosigkeit, Besessenheit und einer veränderten Wahrnehmung der Realität.[110]

Die Hybris geht freilich über den materiellen Besitz hinaus und kulminiert vorerst in der übrigens sehr alten Vorstellung eines *homo deus,* die in einer ihrer neuesten Fassungen eine beachtliche Leserschaft fasziniert. Dabei spielen Fakten eine untergeordnete Rolle. Meistens bringt die Hybris imaginierte Fakten hervor,

Dazu gehören außerplanetarische Projekte einiger Wissenschaftler. Die Erde werde allmählich zu

---

[110] *„Lange Bank:* Ein wenig beachtetes aber ernstzunehmendes Krankheitsbild, offenbar nur wenigen Fachleuten bis in die letzten Abgründe vertraut und dessen Diagnose oftmals viel zu spät kommt. Dies nicht nur für die ursächlich direkt Infizierten, nein, auch für die im Wege des Kollateralschadens dabei verreckten Menschen. Die Geldsucht bekommt gerade in den letzten Jahren, seit der Finanzkrise, pandemische Züge." (Die Stadien der Geldsucht bis zum letalen Bankoholismus. In: Qpress. Die 4/2 Wahrheiten. 16.1.2018, vom Juli 2013).

klein für die vielen Menschen, ihre Ressourcen könnten auf Dauer nicht ausreichen, wird festgestellt. Doch anstatt daraus zu folgern: Wir müssen uns ändern, wir müssen leben lernen, wird geplant, neue Planeten zu erobern, um dort von vorne zu beginnen. Dabei bleibt unberücksichtigt, dass der Mensch, der dort da capo anfangen soll, der gleiche ist, der die alten Fehler wiederholen wird, weil er das Wesentliche nicht gelernt hat: Beim Leben geht es in erster Linie darum, zu leben. Reichtum zu vermehren ist sekundär.

Doch die Gier ist schneller als das Licht. Schon wird über Kauf und Verkauf von Planeten spekuliert, die man nicht einmal kennt. Das kann man als Witz ansehen. Es ist aber symptomatisch.

Zweifelsohne keimt in der digitalen Ära eine unheimliche Entwicklung. Könnte die Zukunft nicht anders aussehen als mancher Forscher, vom Fortschritt der Technik geblendet, vermeint?

Eine neue Problemstellung ist vonnöten. Die Hybris braucht zur Beruhigung eine gute Dosis von Nüchternheit. Die mediale Vergiftung durch pausenlose Werbung bedarf des Antivirus Echtheit. Kann sich die Menschheit noch an Zeiten erinnern, da nach Wahrem gesucht wurde?

Bescheidenheit bedeutet „in der Wahrheit leben", sagte eine Denkerin fast zur gleichen Zeit, da Sebald Beham den im Vorwort dieser Abhandlung angeführten Kupferstich herstellte.[111]

3. Korrektur oder Therapie?

Wir Menschen sind uns selbst die größten Unbekannten, leiden unter der Unechtheit unseres eigenen Selbstverständnisses. Die Gründe, die wir für unsere Handlungen angeben, fungieren oft als Tarnungen der wahren Absichten. Heuchelei ist ein Anthropologicum – nicht primär moralisch zu nehmen.

Diese Zweideutigkeit ist eine Folge der Wesensart. So ist auch die Kunst der Aufdeckung älter als die einschlägigen modernen Wissenschaften.

Vor Freud und C.G. Jung, vor Foucault und Lacan haben Mythologien, Märchen, griechische Schriftsteller, Dante Alighieri (vornehmlich in der *Hölle* seiner *Göttlichen Komödie*) und spätere Denker (wie etwa Paracelsus oder Jakob Böhme) jeweils anders den Unterboden der menschlichen Wirklichkeit aufzudecken gewusst. Im 19. Jahrhundert war der Blick in die Tiefe bei anspruchsvollen Dichtern, Philosophen und Wissenschaftlern eine etablierte Grundhaltung.[112]

---

[111] „Humildad es andar en verdad". Teresa von Ávila lebte 1515–1582; Sebald Beham 1500–1550.

[112] Als Beispiele seien genannt: Johann Wolfgang von Goethe, Gotthilf Heinrich von Schubert, Robert Fludd, Franz von Baader, Friedrich Wilhelm Josef von Schelling, vgl. José SÁNCHEZ DE MURILLO, *Der Geist der deutschen Romantik. Der Übergang vom logischen zum dichterischen Denken und der*

Diesbezüglich finden sich auch in der Wirtschaft wertvolle Hinweise. Um die menschliche Zerrissenheit zu belegen, ist es nicht notwendig, sich in Irrenhäuser, Parlamente oder Konzile zu begeben. Es genügt, sich im Alltag, in Familie und Arbeitsplatz, bei sich selbst umzuschauen.

Der Spruch: „Keine Kunst lernt eine Regierung schneller als die, Geld aus den Taschen der Leute zu ziehen" (Adam Smith 1723–1790), deutet auf eine Grundhaltung, welche die Wesensverfasstheit des Menschen tragikomisch offenbart. In Spanien entfaltete sich als literarische Gattung die *Novela picaresca* (Schelmenroman), dessen Held, der unterprivilegierte, lustige, meistens sympathische *pícaro*, aus der Kunst, andere hereinzulegen, seine Strategie des Überlebens entwickelt.

In dieser Richtung schreibt der schottische Ökonom: „Es ist nicht die Wohltätigkeit des Metzgers, des Brauers oder des Bäckers, die uns unser Abendessen erwarten lässt, sondern dass sie nach ihrem eigenen Vorteil trachten." Doch Smith präzisiert: „Jeder glaubt nur sein eigenes Interesse im Auge zu haben, tatsächlich aber erfährt so auch

---

Hervorgang der Tiefenphänomenologie. München 1986. Hierin finden sich die Prinzipien für die methodischen Voraussetzungen der vorliegenden Abhandlung, vgl. den Abschnitt „Geschichtliche und methodische Voraussetzungen der Untersuchung" (13–47).

das Gesamtwohl der Volkswirtschaft die beste Förderung."[113]

„Die List der Vernunft" im Alltag, könnte man mit verstohlenem Blick auf Hegel interpretieren.

Es lässt sich also eine jahrhundertealte Forschungslinie rekonstruieren, die hinter der Fassade den Schlüssel zum Verständnis der Wirklichkeit sucht. In der vorliegenden Abhandlung haben wir versucht, die heutige Weltlage vom Wesenskern, d.h. von dem her zu verstehen, was verborgen und deshalb unausgesprochen bleibt. Dazu gehört die Berücksichtigung der animalischen Instinkte. Bei der Gier wird vornehmlich das Tier im Menschen tätig. Davor – sollte dieser wirklich *animal rationale*, zoon logikon, sein – hat die Vernunft (was dies auch immer sei) nachweislich wenig Chancen.

Es gilt also nun, umgekehrt zu denken. Die Betonung läge auf *animal*. Doch warum herrscht Gier im Tierreich?

Zwar können wir der These Martin Heideggers in seinem Hauptwerk *Sein und Zeit* (1927) zustimmen, Sein sei Zeit – doch nicht statisch. Sein drängt zum Leben. Und Leben ist wesenhaft Drang, aus dem die Gier als Perversion, die zur Sucht neigt, hervorgeht.

---

113 Untersuchungen über das Wesen und die Ursachen des Nationalreichthums. Deutsch von **Max Stirner**, erster Band, Leipzig 1846, 26.(Originaltitel: *An Inquiry into the Nature and Causes of the Wealth of Nations,* London 1776).

Der Mensch stellt eine Explosion in der Naturgeschichte dar. Das Phänomen ereignet sich also auf der tiefsten Ebene der Ontologie, genauer: in der tiefenphänomenologischen Mitte des Seins. Die Korrektur der Gier kann deshalb nicht durch Bildung, nicht durch intellektuelle Einsicht, keineswegs durch politische Reformen, nicht durch religiöse Vorsätze gelingen. Es bedarf einer einschlägigen, *philosophisch begründeten Therapie*.

Diese umfangreiche Problematik konkretisiert sich im Phänomen des Geldes.

4. Das Geld

Geld ist ein Zahlungsmittel, das sich von einfachen Tauschmitteln wesenhaft unterscheidet. Es ist nicht auf die unmittelbare Befriedigung eines einzigen Tauschpartners beschränkt. Über die konkrete Situation hinaus kann es zu weiterem Tausch eingesetzt werden. Dadurch bedeutet Geld als solches Macht, die jederzeit Güter erwerben, Entscheidungen beeinflussen kann. Der unmittelbare Zweck des Geldes ist funktional. Und so wird es in der Volkswirtschaftslehre betrachtet. Doch Geld stellt darüber hinaus das Zentrum für Möglichkeiten dar, welche das Leben, die Beziehungen, die Rangordnung bestimmen.

Einerseits ist es auf Konkretion bedacht, erhält aber durch die Machtverdichtung eine symbolische und auch dadurch eine geradezu magische Bedeutung.

Geld bedeutet nicht nur Freiheit, sondern befreit *von* und *zu* – befreit von Lasten und zu Taten, verstärkt das Bewusstsein, hebt das Niveau der Existenz.

Geld stiftet Verbindungen, überschreitet Grenzen, vervielfältigt die Präsenzmöglichkeiten. Mammon macht den Menschen allgegenwärtig.

Wer würde also bestreiten, dass Geld zu besitzen schön ist? Danach zu trachten, ist in der Regel notwendig, unvermeidlich. Erziehung, Bildung, Ausbildung haben mehr oder weniger ausdrücklich als Ziel das Geld. Immer weniger werden Berufe aus Berufung ausgewählt – immer gewichtiger zählt das Geldverdienen bei der Berufswahl.

Weil Geld aber ganz besonders die Gier anzieht, diese blind ist und also im Angesicht des Geldes sich selbst gefährdet, wird immer wieder versucht, das Geld neu zu denken und das Verhältnis zu ihm neu zu interpretieren. Denn Gier entzündet sich bei Kontakt mit Geld. Da kann man unmittelbar erleben, was sie unter Menschen anzurichten vermag.

5. Die Korruption

Vermutlich hat es Korruption immer gegeben, seit Menschen sich in Gemeinschaften organisiert haben. Im 18. Jahrhundert wurde in feudalen Staaten Korruption systematisch praktiziert. Friedrich der Große bestach Minister am Hof von Kaiserin Maria Theresia und ging davon aus, dass diese ihrerseits seine Minister bestach. Diplomaten hatten gewissermaßen ein Anrecht darauf, bestochen zu werden. An Beispielen fehlt es nicht.

Nun geht es uns hier aber um die Gegenwart.[114] Weil Gier zu einer Sucht geworden ist, findet sich Korruption weltweit auf allen Ebenen der Gesellschaft. Die Schäden sind enorm. Man schätzt die Verluste auf 1,3 bis 1,75 Billionen Euro, welche die Korruption verursacht.[115]

Die OECD rechnet sogar mit Schäden von bis zu vier Billionen Dollar.

Doch bedeutender als die Quantität ist das Gewicht des Phänomens als Zeichen für die epochale Dominanz der Gier.

---

[114] Jens Ivo ENGELS, *Die Geschichte der Korruption. Von der Frühen Neuzeit bis ins 20. Jahrhundert.* Frankfurt/Main 2014; Ernesto Garzón VALDÉS, *Korruption – Zur systemischen Relativität eines universalen Phänomens.* In: Harald Bluhm, Karsten Fischer (Hrsg.) *Sichtbarkeit und Unsichtbarkeit der Macht. Theorien politischer Korruption.* Baden-Baden 2002, 115–138. Niels GRÜNE, Simona SLANICKA, *Korruption. Historische Annäherungen an eine Grundfigur politischer Kommunikation.* Göttingen 2010; Christian HÖFFLING, *Korruption als soziale Beziehung.* Opladen 2002; vgl. Arnold A. ROGOW, Harold Dwight LASSWELL, *Power Corruption and Rectitude.* New Jersey 1963, 132–133: "A corrupt act violates responsibility toward at least one system of public or civic order and is in fact incompatible with (destructive of) any such system. A system of public or civic order exalts common interest over special interest; violations of the common interest for special advantage are corrupt."
[115] *Was Korruption und Geldwäsche die Welt kosten.* In: *Süddeutsche Zeitung.* 12. Mai 2016.

Wir konnten natürlich nicht alle Gebiete untersuchen, doch genug, um zeigen zu können, wie die Gier alle möglichen Institutionen manipuliert und das Bewusstsein der Machthaber pervertiert.

Noch vor nicht allzu langer Zeit galt die Auffassung, Korruption sei eher eine Sache von Ländern mit einer schwachen kulturellen Infrastruktur. Das war ein Irrtum. Eigenart des Zeitalters ist, dass die Intelligenz, ja der Geist und die Religion als Mittel für Korruption fungieren. Daher die Dringlichkeit des in der vorliegenden Abhandlung unternommenen Versuchs, den metaphysischen Grund der Gier offenzulegen und von daher die Eigenart der Fakten zu erörtern.

Gier ist ein Problem des Menschen – nicht eines Volkes oder einer Ideologie.

Die Panama Papers, auf die wir ausführlich eingegangen sind, die Paradise Papers, die bekannt wurden, als die vorliegende Abhandlung abgeschlossen war, zeigen, dass Gier die politische Welt offen und rücksichtslos steuert – schamlos vor aller Welt, das ist das Neue, ein Höhepunkt der Pandemie.

In Kroatien sei Korruption eine alltägliche Plage, hat es geheißen. Und in Spanien ist Korruption dabei, das Land zugrunde zu richten. Doch in gewisser Hinsicht ist es ungerecht, einzelne Länder zu nennen. Richtiger wäre es, diejenigen bekannt zu machen, welche die Korruption in Schranken zu halten vermögen.

Ebenso war es wichtig, auf die Traditionen einzugehen, die – wie Mönchtum und Ordensgemeinschaften – ausdrücklich im Kampf gegen die Gier entstanden sind und als solche die abendländische Zivilisation mitbegründet haben. Einige davon haben wir im dritten Teil exemplarisch hervorgehoben. Es gibt aber auch innerhalb von Ökonomie und Wirtschaft Wissenschaftler, die durch eine Reform des Systems und des Geldes die Gier zähmen zu können vermeinen.

6. Warum Reformen immer wieder scheitern

Ein Leben ohne Geld ist in den bestehenden Gesellschaftsordnungen nicht möglich. So sind Gestalten wie etwa Franz von Assisi oder Niklaus von Flüe zwar beeindruckend, in der Praxis jedoch kaum imitierbar. Ebenso sind Mönche und Ordensleute, gewiss bewundernswert, für eine Erneuerung der Gesellschaft jedoch nicht tauglich.

Stattdessen kann versucht werden, im Geld gleichsam eine mystische Dimension zu entdecken. Wir huldigen, heißt es, dem Geld als einem Götzen. Wäre es nicht möglich, eine wirklich sakrale Dimension des Geldes wiederzuentdecken und daraus eine heilige Praxis des Wirtschaftens zu entwickeln? Eine Heilige Wirtschaft, *Sacred Economics*. Das ist der Traum einer Gesellschaft, in der die Menschen sich gegenseitig beschenken, statt sich gierig auszubeuten. So denkt zum Beispiel der amerikanische Visionär Charles Eisenstein: Das Geld sei eine schöne Sache, ein Fehler jedoch die Verselbstständigung desselben. Es sei zur Ware geworden, folglich selbst Gegenstand spekulativen Handelns. Ferner: Durch das Recht der Privatbanken zur Geldschöpfung per Kredit lebe sich der Drang, aus Geld noch mehr Geld zu machen, in Form meist hochspekulativer Finanzgeschäfte aus, die mit realer Wertschöpfung nichts mehr zu tun haben. Demnach müsse das Geld neu definiert werden, um zu verhindern, dass es sich vermehrt, und zwar so, dass es sich einfach nicht mehr vermehren kann. Das wäre dann der Fall, wenn es mit der Zeit – ebenso wie alle Waren und Dienstleistungen auch – seinen Wert verlöre.

Eisenstein bezieht sich dabei unter anderem auf Silvio Gesell und die deutsche Zinskritikerin Margrit Kennedy. Auch Rudolf Steiner vertrat bereits die Idee eines „alternden Geldes".[116] Die Umsetzung wäre nach Eisenstein denkbar einfach: Auf Geld, das nicht ausgegeben, sondern auf Konten geparkt wird, werden keine Zinsen gezahlt, sondern im Gegenteil eine Gebühr erhoben. In der Folge würde nicht nur der Konsum ansteigen, sondern es würden auch Investitions-Kredite zu Bedingungen unterhalb des Negativ-Zinses ver-

---

[116] Rudolf STEINER, *Die Kernpunkte der Sozialen Frage*, GA 23 (1976). Vgl. Dieter SUHR, *Alterndes Geld.. Das Konzept Rudolf Steiners aus geldtheoretischer Sicht*, Schaffhausen 1988.

fügbar werden, weil für die Banken (oder auch wohlhabende Privatpersonen) zinslose oder gar leicht verlustbehaftete Darlehen immer noch wirtschaftlicher wären als die dauerhaften Gebühren für „lagerndes" Geld. Das Ziel wäre: „Die Wiederherstellung des Geldes in seiner wahren Funktion als ein verbindendes Element für Schenkungen und Bedürfnisse."[117]

Diese Sicht, das Geld gleichsam zu sich zu befreien, findet sich zweifelsohne bei Steiner. Doch die Wurzeln einer Theorie des *Freigeldes* gehen letztlich doch auf Silvio Gesell (1862–1930) zurück, auf die sich heute einige Ökonomen, wie etwa Irving Fisher und North Douglass, berufen.[118] Gesell war seinerseits Proudhon verpflichtet, dem Karl Marx 1847 in Paris und Brüssel begegnete. Schließlich gehört das Thema *Revolution des Geldes* zur marxistischen Tradition. Doch sie wurde aus dem Blickwinkel Silvio Gesells Anfang des 20. Jahrhunderts und dann bei der Weltwirtschaftskrise von 2007 wichtig.

Gedrängt durch die Not der Krise brachte Eisenstein den alten Gedanken, beflügelt durch Spiritualität und Mystik, neu. Diese Wendung ist

---

[117] Charles EISENSTEIN, *Ökonomie der Verbundenheit, Wie das Geld die Welt an den Abgrund führte – und sie dennoch jetzt retten kann.* München 2013; dazu: Jens HEISTERKAMP, *Über die Heilige Wirtschaft des Charles Eisenstein.* Frankfurt/ M. 2012.
[118] Irving Fisher sagte von sich, natürlich pointiert: „Ich bin ein bescheidener Schüler des Kaufmanns Gesell."

zweifelsohne in der Sache begründet. Geht Gier doch letztlich, wie bereits erörtert, auf die Dynamik des menschlichen Wesens, auf dessen Drang nach Unendlichkeit zurück.

Der Gedanke einer Mystik des Geldes, einer *Heiligen Wirtschaft,* hat eine epochale Ähnlichkeit mit dem Drang – durch den technischen Fortschritt berauscht – den Menschen zu einem Gott zu erheben.
Homo Deus – Heilige Wirtschaft: Zwei Erscheinungen desselben Traums.

Aus unserer Sicht verbindet diese gegenwärtigen Versuche ein gemeinsamer Mangel: Sie betrachten die Veränderungsmöglichkeiten des Gegenstandes, sie untersuchen das Objekt, lassen aber das Subjekt und seine Verfasstheit außer Acht. Ob Sozialismus oder Kapitalismus – nur die Worte sind verschieden. In der Realität scheitern beide – wie die anderen auch – an der Gier des Menschen.

Vom selben Verfasser ist im selben Verlag in gleicher Aufmachung erschienen:

José Sánchez

Über die Sehnsucht

Urgrund und
Abgründe

Aufgang Verlag

Zeitfracht Medien GmbH
Ferdinand-Jühlke-Straße 7
99095 Erfurt, Deutschland
produktsicherheit@kolibri360.de